90分周期で

9割の子が本当に眠ってくれる!

ポリー・ムーア 著
成田奈緒子 監修

JN222050

日本文芸社

よい睡眠が赤ちゃんに幸せと健康をもたらします

健康に育ってほしい。賢く育ってほしい。幸せになってほしい。赤ちゃんが生まれたら、どなたも抱く望みでしょう。それらをすべて叶えるための、とっても大切なキーワードが、乳幼児期の「睡眠リズムの確立」です。

子どもの脳は、生まれたあとに育ちます。まずは健康を支える「生命維持機能」である脳幹・間脳など。つづいて賢さを支える大脳新皮質。そして最後に幸せを支える前頭葉。ですから子育てとは、この順番で脳をしっかり育てること、ともいいかえられます。そしてこの、脳育てのスタートである「生命維持機能」発達のカギを握るのが「睡眠リズムの確立」です。

でも、生まれたての赤ちゃんを前にして、今、もしかしたらあなたは途方にくれているかもしれません。寝ついたと思ってベッドに寝かせるといきなり大泣きして起きてしまったり、さっきミルクをあげたばかりなのに真夜中

に何度も何度も起きてしまったり……。
大切なことだとわかってはいるけど、子どもの「睡眠リズムの確立」は、しばしば親になりたての方にはとてもむずかしい課題です。もしかすると、あなた自身も毎日寝不足で疲れ果ててしまっているのではないでしょうか。

そんなあなたに、この本で紹介する「NAPS《ナップス》メソッド」は、解決のヒントを与えてくれるかもしれません。

科学的な視座に立って、あなたの赤ちゃんの睡眠サイクルをよく観察してみると、きっとその子なりの改善策が見つかります。なぜなら、本来人間とは、夜は連続して質のよい睡眠をとり、昼間は覚醒して活発に活動する昼行性の動物だからです。

まずは1週間チャレンジしてみましょう。子どもの脳は、よい刺激を繰り返し与えられると、比較的かんたんに育てなおせます。健康で賢く幸せな一生を子どもに提供し、親の疲労と寝不足を解消するための「NAPSメソッド」はおすすめです。

成田奈緒子

メソッドとは？

そった眠りのトレーニング方法です。
赤ちゃんにやさしく効果的です。

赤ちゃんも
家族も
ハッピー

たった4つのステップ

ステップ 2

Add 加える

90分後の時間を書き加えます（60ページ）

目覚めた時間を書きとめたら、すぐに90分後の時間もメモします。20分ほどしか寝ていなくても、90分後の時間を書きます。この90分という時間が、赤ちゃんが起きていられる一定の**覚醒周期**であり、眠りの**90分周期**を形づくります。

Soothe to sleep 寝かしつける

赤ちゃんを寝かしつけます（64ページ）

ステップ 4

覚醒周期のおわる数分前が寝かしつけのタイミングです。**眠りのサイン**と**90分周期**を参考に、まわりを静かにして同じ動作を繰り返しながら寝かしつけましょう。

本書で
紹介する

NAPS

NAPS《ナップス》メソッドは、赤ちゃんの体内時計に
自然に体内時計にしたがうため、

かんたんに実行できる!

ステップ
1

Note メモする

目覚めた時間を記録します(56ページ)

赤ちゃんが自然に目覚めるまで眠らせておきます。目覚める気配を感じたら、すぐに時計をチェック！ **おやすみダイアリー**（196ページ）に時間を書きとめます。

Play 遊ぶ

ステップ
3

赤ちゃんを遊ばせます(62ページ)

まずはおむつがえと必要なら授乳を行いましょう。赤ちゃんの遊ぶ準備が整うほか、赤ちゃんが眠るタイミングを知らせる**眠りのサイン**がわかりやすくなります。あとはたっぷり遊ばせます。

知っておくと安心！

睡眠パターン

NAPSメソッドをはじめる際に役立ちます。
ここで示した6つの月齢別に紹介します。

2 生後2週間～3か月（94ページ）

1日に15～16時間の睡眠が必要です。

眠りの「90分周期」があらわれはじめます。

夜と昼のリズムができやすくなります。

まだひとりで自然に眠れないため
寝かしつけが必要です。

3 生後3か月～6か月（114ページ）

1日に14～15時間の睡眠が必要です。

これまでの約3倍長く
起きていられるようになっています。

夜は早寝になり
昼寝にパターンができて3回になります。

日中に90分以上起きていられるようになります。

※赤ちゃんによって個人差があります。

誕生から
1歳までの
月齢別

赤ちゃんの

赤ちゃんの睡眠の傾向について事前に知っておくと、
ここではかんたんに説明します。詳しくはのちほど、

1

誕生～生後２週間（82ページ）

１日に14～20時間、
平均で16時間の睡眠が必要です。

昼も夜も少しずつ何度も眠り
90分も起きていません。

赤ちゃんが連続して眠る
眠りの「90分周期」はほとんどあらわれません。

疲れて泣く場合が多く見られます。

5 生後８か月～12か月（142ページ）

まだ１日に13～14時間の睡眠が必要です。

起きている時間が長くなります。

夕方に昼寝しなくなる子もいますが
短くても午前中の昼寝は必要です。

おすわりができるなど新しいスキルを身につけたときに
夜に目覚めることがあります。

6 １歳以降（146ページ）

１日に13時間の睡眠が必要です。

「90分周期」の影響が弱くなり、大人のように
時間にあわせた睡眠スケジュールができてきます。

午前中の昼寝がなくなり、午後に昼寝しない子も。
しかし、午後の昼寝は必要です。

落ち着いた
集中力の
ある子に育つ
（162ページ）

賢い子に育つ
（174、176ページ）

大人も
ぐっすり眠れる＆
一日の予定が
たてやすくなる
（178ページ）

4 生後6か月～8か月（126ページ）

1日に13～14時間の睡眠が必要です。

朝や夕方、長く起きていられるようになります。

昼寝の時間も長くなります。

寝かしつけなくとも、ひとりで自然に
眠ることを教えるのにベストな時期です。

NAPSメソッドには こんなメリットも！

寝かしつけ
なくても
ひとりで自然に
眠るようになる
（154ページ）

脳を活性化させ
発達をうながす
（172ページ）

たっぷり眠れて
いるので
ぐずらない＆
情緒が安定する
（162ページ）

学習能力や
意欲を高める
（172ページ）

成長してからも
睡眠障害に
悩まされない
（160ページ）

まわりの人に
やさしい子に
育つ
（162ページ）

※赤ちゃんによって個人差があります。

NAPSメソッド体験レポート1

シンプル&かんたんで効果抜群！ 90分周期でホントに寝ました

現在
3歳9か月の
女の子のママ

生後2か月から
NAPSメソッド
スタート

出産前にいろいろ調べて、一番シンプルでかんたんにできそうだなと思ったのが、ＮＡ《ナッ》ＰＳ《プス》メソッドでした。ＮＡＰＳメソッドは、娘が生後２か月になったころからはじめましたが、最初からびっくりするくらいよく寝て、夫と感動したのを覚えています。そのころの睡眠時間は、１日トータルで15時間ほど、つづけて５〜６時間眠ることもありました。

夕方に娘が寝たら、夕飯を作って食べ、お風呂に入って21時に就寝し、夜中と朝方に２回授乳するというペースをつくれたので、新生児のころから余裕をもってすごせました。

メソッドにしたがって、娘が目を覚ましたらその90分後に様子を見て、「眠そう」「ぐずりそう」だと感じたら、寝かしつけるようにしていましたが、もちろんすんなり寝ないときもありました。ＮＡＰＳメソッドでは、そんなときは無理に寝かせず、「次の90分後のサイクルで寝かせればいい」という考えなので、気が楽でしたね。

寝かしつけのときはあえて抱っこせずに、あぐらをかいて娘をのせ、ゆらゆらさせて寝かせていました。抱っこは、わたしの体に負担がかかるし、長つづきしないと思ったので、できるだけやらないように心がけました。

成長しても順調によく眠り、機嫌が悪いのは、眠りのサインだとわかるようになりました。2〜3歳になってからは、体力がついてお昼寝の回数も減ってきたので、機嫌が悪くなったら寝かせるようにしています。機嫌が悪くなってぐずっても、あやしたり、おやつをあげたりするのではなく、寝かしつけることを優先させています。

わたしが子どもの様子を見てあわてふためくことなく「疲れて眠たいのね」と落ち着いて行動できるのは、NAPSメソッドを実践していた経験からだと感じています。

パパと一緒にNAPSメソッド

「育児アプリを夫婦で共有し、目覚めた時間と90分後の時間を気づいたどちらかが入力。夜の寝かしつけもふたりで協力しあえるよう、授乳に頼らず、絵本を読んだり、背中をトントンして寝かしつけました」

眠たいときに自主的に眠るように

「眠たいときに眠る習慣が自然について、娘は眠たくなったら『寝たい』と教えてくれたり、ひとりで自然に眠ることもあります。ぐずるときはたいてい眠いときで、理由もなくぐずることはありません」

中断した時期があってもNAPSメソッドで再びよく眠るように

出産後すぐにNAPSメソッドをはじめて、生後1か月くらいには早くも睡眠の90分周期ができていたと思います。生後6～8か月には、夜7～8時に寝たら、夜間に1回の授乳で朝までぐっすり眠るように。また、お昼寝中に掃除機をかけても、テレビをつけても目を覚ますことはありませんでした。眠りも深かったように感じています。

「夕方に寝かせすぎると夜に寝ない」と聞いたことがあり、NAPSメソッドは、子どもが寝たいだけ寝かせてよいという考えなので、はじめは半信半疑でした。

しかし実際には、夕方に好きなだけ眠らせても、夜に眠らないことはなく、目覚めてから90分の倍数の時間がたてば、すんなり眠ってくれたのです。

急用ができてお昼寝の途中で起こさないといけないときや、寝かしつけのタイミングで猫がやってきて目を覚ましてしまうこともありましたが、そんなときも、あせらずに眠りのサインに注意しつつ、次に眠くなるタイミングで寝かせれば、すぐに寝てくれました。

現在
1歳6か月の
男の子のママ

誕生してすぐ
NAPSメソッド
スタート

ところが、昼間にたくさん遊ばせて疲れているはずなのに、眠らなくなってしまったことがありました。その時期は、90分周期のことを忘れがちになっていたのです。もう一度NAPSメソッドをやってみたところ、90分周期で寝かしつけたら、またすんなり自然に眠るようになりました。疲れすぎると眠れなくなるのだと実感するとともに、正しいタイミングで寝かせることが大切なんだと痛感しました。

NAPSメソッドどおりにできないことや、一度中断することがあっても、NAPSメソッドは有効です。再びよい睡眠習慣をとり戻すことができました。

生後すぐにNAPSメソッド開始

「すぐにNAPSメソッドを実践したので、生後1か月くらいから、次に眠る時間と目が覚める時間が予想できました。家事をする時間もしっかりとれて、生活しやすかったです」

いつもご機嫌！

「眠くなると自分でお昼寝用のマットレスへ行くように。寝かしつけが必要ないので楽です。ぐっすり眠れているので情緒も安定していて、保育園でも『穏やかな子ですね』といわれます」

NAPSメソッド体験レポート3

よく眠るおかげ!? 活発で頭の回転のよい子に成長

現在
6歳と3歳の
男の子のママ

生後5か月から
NAPSメソッド
スタート

ある日の電車のなかで、小柄なママが自分の体格を圧倒するくらい大きな2歳くらいの赤ちゃんを抱っこひもで抱えてゆらしながら、「こうしないと寝ないの」といって寝かしつけている姿を見たことがありました。「わたしにはとうていできない!」と思い、ネントレ法を探したのがきっかけで、NAPSメソッドにであいました。

NAPSメソッドをはじめたのは、生後5か月のときです。子どもがうまく眠れるようになってからは、眠そうにしていたり、ぐずりだしたら、寝かしつけるというスタンスにかえました。わが家の場合は、寝る前のルーティンをもうけることも、部屋を暗くしたりすることもなく(夜と夏以外)、寝かしつけに時間がかかりすぎることもありませんでした。90分周期で眠るようになると、帰省先でもどこでもちゃんと眠るようになったので、NAPSメソッドをつかえば、環境はどうであれ、よく眠るのだと実感できました。

たっぷり眠れているからか、子どもは体力と気力がしっかりしていて、活動しているときはいつもご機嫌です。比較的いつも落ち着いていて、よい意味でマイペースというか、感情的になって大きな声をあげることはほとんどありません。また、算数好きに育ち、3歳のときには、「ママ、0と1のあいだにはたくさん数字があるんでしょう」といってまわりの大人をびっくりさせたこともありました。よい睡眠がとれているから、しっかり成長できているのかもしれません。

わたし自身も、よく眠れているのでストレスをさほど感じず、夫とケンカをすることもなく穏やかにすごせています。下の子が生まれたときも、お兄ちゃんがよく眠る子に育っていたので、睡眠に関しては、心配することがありませんでした。

これは まねしたい!

90分周期にこだわりすぎない

「赤ちゃんの目覚めた時間がはっきりしなくても問題ないように思っています。わたしの場合、気づくのが遅れても70〜75分後にタイマーをかけて寝かしつけていました。それでも90分周期で眠るようになりました」

今は どんな様子?

よく寝てよく遊ぶ!

「よく眠るので起きているときは活動的。いつも落ち着いていて穏やかなためか、まわりのお友だちともじょうずにつきあっているようです。『眠たい』という感覚がしっかりわかっているので助かります」

もくじ

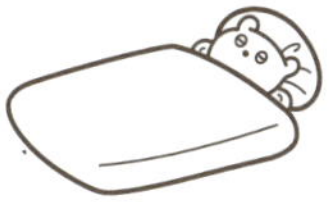

第3章 赤ちゃんの月齢別NAPSメソッド活用法

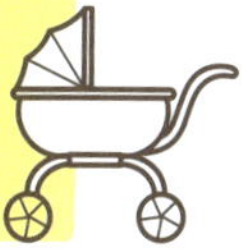

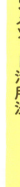

第4章 NAPSメソッドのうれしい影響

NAPSメソッドQ&A おやすみダイアリー

さあ、NAPSメソッドをはじめましょう

赤ちゃんの自然な「眠りの周期」を大切に

人間はもちろん、イヌやゾウ、魚や虫、それにアメーバまで、生きものは自然のサイクルにしたがって休んだり活動したりするようにできています。

19世紀後半に電灯が普及するまで、ほとんどの人は暗くなったら寝て、日がのぼったら起きるといった具合に、休息と活動のサイクルを自然に経験していました。そして、子どもは眠くなったら昼寝をして、好きなだけ眠っていられたのです。

ところが現代はどうでしょう。

技術が発達し、日々予定に追われるわたしたちは、自然のサイクルからはずれた生活を余儀なくされています。１００年以上、わたしたちはよりはたらき、もっと長く遊ぶために睡眠時間を削ってきました。そして、赤ちゃんにまで人工的なスケジュールにそった生活を強いるようになったのです。

こうしたあわただしい生活のなかで、ふたつのごく当たり前のことが見落とされるようになりました。ひとつは「赤ちゃんがどれくらい睡眠を必要としているか」、そしてもうひとつは「どうすれば赤ちゃんが十分眠れるか」ということです。

赤ちゃんにとって「睡眠」はもっとも大切な仕事のひとつです。大人にとっても、赤ちゃんがぐっすり眠れるようにしてあげることは、大切な仕事でしょう。

赤ちゃんには、「睡眠と覚醒をつかさどる体内時計」が生まれたときから備わっており、最初の1年間でどんどん影響力が強くなっていきます。赤ちゃんは、この体内時計の助けを借りて決まった時間に眠くなり、十分な睡眠をとるのです。

赤ちゃんが本来もっている「眠りの周期」に着目し、赤ちゃんを自然に寝かせてあげましょう。

幸いなことに、この体内時計についてはいろいろなことがわかってきています。「NAPS《ナップス》メソッド」は、この知識を存分に活用して誕生しました。

わたしの子育てがヒントになったNAPSメソッド

今この本を読んでくださっているのは、子どもが生まれると夜はまともに眠れないという話を耳にした、パパとママの卵のみなさんでしょうか。それとも、赤ちゃんがよく眠れるようにしてあげたいと考えている新米のパパとママでしょうか。

いずれにしても、この本はみなさんのためにあります。

わたしもみなさんと同じ道を通ってきたからです。

睡眠と睡眠障害が専門の神経科学者であるわたしは、まさか自分が子どもの睡眠で悩まされるとは思ってもいませんでした。

長年、睡眠クリニックや研究機関に勤め、睡眠不足や睡眠障害が、生活にどのような影響をおよぼすのか目のあたりにし、質の高い眠りが生活の質を向上させると信じて、仕事のほとんどを人々の眠りを改善するためにささげてきました。

大学時代には、生後数週間で自然に睡眠のパターンができはじめ、ほとんどの赤ちゃんが6週間もすれば1回に6時間眠るようになり、4か月になるころには、朝までぐっすり眠りつづけるようになると学んでもいました。

それだけに、大変なのは最初の数か月だと気楽に考えていたのです。

いざ娘が生まれると、専門知識はまったく役に立たず、あたふたするばかり。娘は延々とミルクを飲みたがったり、おしゃぶりを欲しがったり、何時間も抱っこしつづけなければならなかったり、どんなにあやしても泣きつづけ、お手上げということもありました。

新生児でなくなっても、いつ昼寝するのか、夜は何時ごろ寝るのか、見当もつきませんでした。睡眠が専門の学者だというのに、どうしてこんなことになるのか理解できず、歯がゆい思いをしました。

そこで、わたしは赤ちゃんの眠りについての本を読みあさり、小児科の先生や経験豊富な先輩に質問や相談をしてみましたが、「新生児の睡眠に法則はありません」

「赤ちゃんはどうすればよいかわかっているから大丈夫」と気にしすぎないようにしたほうがよいといわれるだけ。具体的なアドバイスは得られませんでした。

しかし、娘が3か月半くらいの月齢になったとき、転機が訪れます。

朝起きてから2時間もたっていないのに、もうくたびれて昼寝をしたがっていたのです。前の晩はいつもより長く寝ていたというのに。そういえば、以前も同じようなしぐさをしたことがあったような……。

わたしはいろいろなことを考えはじめました。時計を見ると、娘が起きてから約90分たっていました。娘が疲れを見せたタイミングが、基礎的休息活動周期（BRAC、38ページ）というよく知られた生体リズムと一致していることに気づいたのです。

BRACについては大学院で学びましたが、そのときまで乳児にもあてはまるとは思っていませんでした。同じことに気づいた学者がいないか学術論文を調べると、

ＢＲＡＣが人間に与える影響を詳しく調べた研究がいくつも見つかりました。しかも、この分野の第一人者が自分の子どもの休息と活動の周期を観察して、ＢＲＡＣと一致していることを証明していました。

わたしも娘を観察してみると、一定の生物学的睡眠リズムがあることがわかりました。それまで聞いていた話とは違い、行き当たりばったりで寝ていたわけではなかったのです。娘が疲れて眠くなる時間はかなりの確率で予想可能でした。

睡眠リズムをもとに眠くなる時間がわかると、昼寝や就寝の時間がかんたんに予想できて、生活がしやすくなりました。娘も必要なときに十分に眠れるようになり、いつまでもぐずったり、泣きやまないということがなくなりました。そして、昼寝の時間はのび、夜中に起きる回数が減りました。

そのうち同じように悩んでいるみなさんがいることを知り、手助けができればと、地元の病院が主催していた講座でわたしの発見を話せないか問いあわせてみました。

すると院長が、「親になったばかりの人にとって最大の問題は睡眠ですが、小児科医はこの問題について話したがらないのです。ぜひ！」と快諾してくれたのです。

その後、わたしはNAPSメソッドを開発し、全米各地で講演を行うようになりました。反響は驚くほど大きく、NAPSメソッドを試した大人の85％が、「かんたんに実行できる」「赤ちゃんがより長く決まった時間に寝るようになった」と教えてくれました。しかもその多くの赤ちゃんが、このメソッドをはじめてから1週間ほどで、よく昼寝し、夜もぐっすり朝まで眠るようになったというのです。

基本的にすべての赤ちゃんに試してもらえます

NAPSメソッドは、赤ちゃんの自然な眠りの周期を活用するため、赤ちゃんひとりひとりの性格や、子育てスタイルにあわせることができます。

赤ちゃんごとにリズムが違ってもよし、どんなベッドで寝かしつけてもよし。赤ちゃんがひとりで自然に眠れるようにしたい場合も役に立ちます。

そして、1歳前の赤ちゃんが抱える、次のような睡眠問題も解決できます。

- 寝かしつけようとすると抵抗する
- 夜中に何度も目を覚ます
- 昼と夜が逆転している
- 昼寝の時間が短い
- いつ昼寝するか予想できない
- チャイルドシートやベビーカー、大人の腕のなかでしか眠らない

NAPSメソッドのおかげで、赤ちゃんが以前より機嫌よく、目をキラキラさせて元気にはしゃぐようになれば、必要なだけ眠れたのだとはっきりわかるでしょう。はじめて親になった場合、こうした変化をキャッチして得た自信はターニングポイントにもなります。心穏やかに、余裕をもって、新しい役割をこなす自分に気づき、赤ちゃんも家族もみんな幸せに毎日をすごせるようになるでしょう。

1歳以降の子どもにもおすすめ

NAPSメソッドはとくに、これから赤ちゃんが誕生したり、0歳から1歳までの赤ちゃんがいる家族のみなさんに役立ちますが、もうすぐ1歳や2歳になるという子どもにもおすすめです。NAPSメソッドをはじめると、数時間あるいは数日で、睡眠が改善されたことを実感できるでしょう。

さらには、赤ちゃんが幼児期によりよい睡眠習慣を身につける準備が整うよう、生涯にわたって健康を保つために必要な深い睡眠をとるようにうながします。

このあとの章でお話ししますが、赤ちゃんの体と脳の発達には睡眠が大切です。睡眠を最優先してあげると、赤ちゃんのときから認知力を発達させたり、感情的知性を身につけたりすることができ、よく眠った赤ちゃんは、たくさんのエネルギーをもった強い子に育ちます。

さあ、NAPSメソッドをはじめてみましょう。

第1章

子どもの眠りをうながす 90分のリズム

眠りには90分のリズムで動く
体内時計が大きく関係しています。
この体内時計をうまく利用することで
自然に眠ることができ
よりよい睡眠がとれるようになります。
NAPS《ナップス》メソッドも
この体内時計を活用しています。

睡眠は体内時計がコントロールしています

おやすみレッスンのポイント

◆人の睡眠は1日周期の体内時計「概日《がいじつ》リズム」にコントロールされます

◆赤ちゃんは1日に満たない体内時計「超日周期《ちょうにちしゅうき》」にコントロールされます

赤ちゃんの睡眠について学ぶ前に、まずはすべての生物の基本となる体内時計についてお話ししておきましょう。

どうしても睡眠がとれないときに、本当は寝なくても問題ないんじゃないか、そう考えたことはありませんか。実際わたしたちは、極度の睡眠不足でも、歩いたり、しゃべったり、仕事をしたり、さまざまな活動を行うことができます。

その秘密は、脳内の神経細胞のかたまり、「視交叉上核《しこうさじょうかく》」にあります。この神経細胞は体内時計を管理し、ほとんどすべての生物に備わっています。

体内時計は、実はたくさんの時計からできており、ひとつひとつがそれぞれ別の生理機能を担当しています。1年周期の時計もあれば、1か月、1日、あるいは独特の周期をもつ時計もあり、生物学的機能の大半をコントロールしています。たとえば、性ホルモンの放出をつかさどる体内時計は1年周期ですが、女性の月経や排卵をつかさどる時計は1か月周期です。

こうした体内時計のなかで一番よく知られているのが、大人の睡眠と覚醒のサイクルをつかさどる1日周期の時計、「概日リズム」でしょう。

概日リズムは、朝日を浴びたら、特定のストレスホルモン（アドレナリン、バソプレシン、コルチゾールなど）がでるようにうながして目が覚めるようにはたらきかけ、あたりが暗くなると、今度はメラトニンという別のホルモンがでるようにうながして、目が覚めている状態をおわらせて眠る準備を手伝います。

仕事で徹夜してしまい、疲れているのになかなか寝つけず一睡もできないまま朝を迎えたという経験をしたことはないでしょうか。これらはすべて概日リズムによって起きているのです。

概日リズムは、昼間に活動的になるようプログラムされているため、疲れきっていても、このリズムに逆らうのはかんたんなことではありません。朝ならば、なおさら大変です。目を覚ましているように、視交叉上核が強い信号を送りだすのですから。

食事の時間や日光など、社会的、環境的なきっかけも、日中の覚醒状態に大きく影響しますが、日がのぼっているあいだに目を覚ましていられるようにするのが、視交叉上核の仕事なのです。

こうした理由から、わたしたちは極度の睡眠不足になっても、日中、起きていられるのです。

さて、先にお話ししたように、体内時計には、概日リズムのような１日周期の時計のほかに、１年周期、１か月周期、１日に満たない周期の時計があります。

赤ちゃんの睡眠を理解するために重要な要素なのが、このなかで１日に満たない周期の「超日周期」という時計です。

概日リズムが未発達のあいだ、赤ちゃんはこのリズムにそって生活しています。

のちほど詳しく紹介しますが、この超日周期が睡眠に深くかかわっていることを利用してＮＡＰＳメソッドはつくられています。

このメソッドを実践するにあたってとても重要ですので、もう少しだけ睡眠のしくみを見ていきましょう。

睡眠にはふたつの周期があり赤ちゃんの体内時計も同じです

おやすみレッスンのポイント

- 体は休んでいても脳が活発にはたらく「レム睡眠」と体も脳もリラックスして深く眠る「ノンレム睡眠」があります
- ふたつの睡眠は90分周期で繰り返されます
- レム睡眠・ノンレム睡眠と赤ちゃんの超日周期は一致します

これまで体には体内時計があり、睡眠と覚醒をつかさどるリズムが存在することをお話しししてきました。

ここでは、睡眠のしくみを見てみましょう。

1950年代、睡眠研究の第一人者であるナサニエル・クレイトマン博士は仲間と、睡眠には「レム睡眠」と「ノンレム睡眠」のふたつの状態があり、約90分周期で交互に繰り返されることを発見しました。

レム睡眠は、急速眼球運動が起こるとても活動的な睡眠で、体は完全に休んでいるのに脳が活発にはたらくため「逆説睡眠」と呼ばれることもあります。

レム睡眠中は、大脳皮質（脳の外側の表面を覆っている灰色の物質）内の電気信号がとても強くなり、起きているときに発する電気信号と似た不規則なパターンが見られます。

また、視覚的イメージのある夢を見たり、呼吸と脈拍が乱れたりします。筋肉がピクッと動くこともあれば、しかめっ面をしたり、かすかにほほ笑んだりなど、顔に一瞬表情が浮かぶこともあります。この状態のとき、脳は起きているときと同じくらいエネルギーをつかっていることがわかっています。

みなさんにも、目覚まし時計や赤ちゃんの泣き声に起こされることなく、目覚めたことがあるのではないでしょうか。

それはたいていレム睡眠の周期がおわったときのことで、おそらくレム睡眠は起きている状態に似ているため、すんなり起きることができるのです。


一方でノンレム睡眠は、急速眼球運動が起こらない睡眠です。リラックスしてスイッチが切れたような状態になり、ほとんどの人が深く眠っています。

したがって一般的に眼球も体も動きません。夢に似た活動を経験することもありますが、レム睡眠のときに見る、鮮明でリアルなストーリーのある夢とは大きく異なります。脈拍も呼吸も遅くなり、より規則正しく安定したペースになります。

また、ノンレム睡眠中も脳は活動しますが、レム睡眠中とはかなり違っています。大脳皮質を通る電気信号は、レム睡眠のときよりも規則正しくタイミングをそろえて発生するようになり、たくさんの神経細胞がまとまって同じリズムで電気信号を発します。


もっと理解しやすいように、大脳皮質内の神経細胞を、スポーツ競技場で試合を観戦している観客にたとえてみましょう。

レム睡眠のとき、大脳皮質内の神経細胞は、競技場で試合を見ながら興奮気味におしゃべりをしている観客のようなもので、活動的でクリエイティブです。

しかし、ノンレム睡眠がはじまると、先ほどまで騒いでいた観客たちは、しだいに会話をやめて試合観戦に集中するようになります。ノンレム睡眠が深くなるにつれ、観客はさらに試合に集中しながら、一斉に「がんばれ、がんばれ」と同じことをささやきだし、観客たちがひとつになるような状況が生まれます。

そして、この90分ごとに起こるレム睡眠とノンレム睡眠の周期は、赤ちゃんの眠りに関係する超日周期（33ページ）にちょうどあてはまることがわかっています。

ＮＡＰＳメソッドはこの周期を活用しています。自然なはたらきだからこそ、赤ちゃんに負担をかけることなく、夜泣きを解決したり、毎日よく眠れるようにすることができるのです。

90分周期で体は休んだり活動したりします

おやすみレッスンのポイント

- 基礎的休息活動周期（ＢＲＡＣ）が脳と生理的機能の活動パターンをつくります
- いろいろな身体機能が90分周期ではたらきこの傾向は赤ちゃんにもあらわれます

睡眠研究の第一人者であるナサニエル・クレイトマン博士は、レム睡眠とノンレム睡眠が約90分周期で繰り返されることを発見した（35ページ）だけでなく、この周期が体のあちこちで基本になっているという理論も発表しました。

基礎的休息活動周期（ＢＲＡＣ）と名づけられたこの周期は、体内時計のひとつで、脳の活動パターンや体の機能が繰り返すようにうながすため、休む時間と活動する時間が交互に訪れるようになります。

クレイトマン博士の理論は、さまざまな研究によって裏づけられ、心臓や肺、胃をはじめとする数十もの機能が90分周期ではたらくことが判明しました。

また、昼間の起きている状態にも90分の周期があり、頭がさえてよく目が覚めている時間、静かに集中している時間、もの思いにふける時間を繰り返していることがわかりました。起きている覚醒周期のおわりに近づくと注意力はやや低下し、次の90分周期に入るとまた上昇するのです。

この周期は、生後６か月～８か月に整い、１歳前の赤ちゃんにはっきりあらわれることがわかっています。

90分周期は1歳前の赤ちゃんにはっきりとあらわれます

おやすみレッスンのポイント

- 乳幼児には90分の覚醒周期がはっきりあらわれます
- 覚醒周期のおわりにはスリープ・プレッシャーが生じるため赤ちゃんは眠って解消する必要があります
- 覚醒周期のおわりには眠る準備ができています

1歳前の乳幼児の場合、90分の覚醒周期がとてもはっきりしています。

この周期がおわりに近づくにつれて、注意力が低下するだけでなく、スリープ・プレッシャー*（チューリッヒ大学薬学研究所睡眠研究室のアレクサンダー・ボルベリ研究室長により名づけられました）が生じて高まるために、赤ちゃんは眠ってこのプレッシャーを解消しなければならないことがわかっています。

ナサニエル・クレイトマン博士も、生後8か月の自分の娘を観察し、このパターンが見られることを発見しました。そして、わたしを含めた多くの専門家が、もし博士が現在のようなコンピューターを活用した分析を活用できていたら、8か月もかからず、もっと短期間でこのパターンを見いだしていたに違いないといっています。それほど特徴的なことなのです。

基礎的休息活動周期（BRAC）のリズムは、人間の多くの機能において一貫して見られるものです。そのため、大人同様、乳幼児のリズムにも、90分周期があると、睡眠研究者のあいだで広く認められています。

人間のいろいろな機能は、予想がむずかしいことで知られていますが、BRACはつねに一定にはたらき、メトロノームと同じくらい正確にリズムを刻みます（余

＊神経細胞レベルで眠りへと深く誘導する信号が起こること。

談ですが、ＢＲＡＣはほとんどのほ乳類で見られ、ヒトと同じように、周期の長さが種ごとに決まっています。サルは72分、ネコは24分です）。

これからもっと盛んにＢＲＡＣと赤ちゃんの関係について研究が行われ、いろいろなことが明らかになるでしょうが、90分周期は生まれたときから確認できることまではすでにわかっています。

左ページの表は赤ちゃんの90分のＢＲＡＣをあらわしています。

新生児のなかには周期が短めの赤ちゃんもいますが、心配することはありません。やがて90分までのびていきます。

赤ちゃんが1歳になるころには、大人のパターンに近くなり、90分周期であらわれる眠りのタイミングを知らせるサインはわかりづらくなります（個人差があり、幼児になってもサインがはっきりあらわれつづけることもあります）。

この90分周期にはどんな意味があるのでしょうか。

赤ちゃんに見られる90分の基礎的休息活動周期（BRAC）

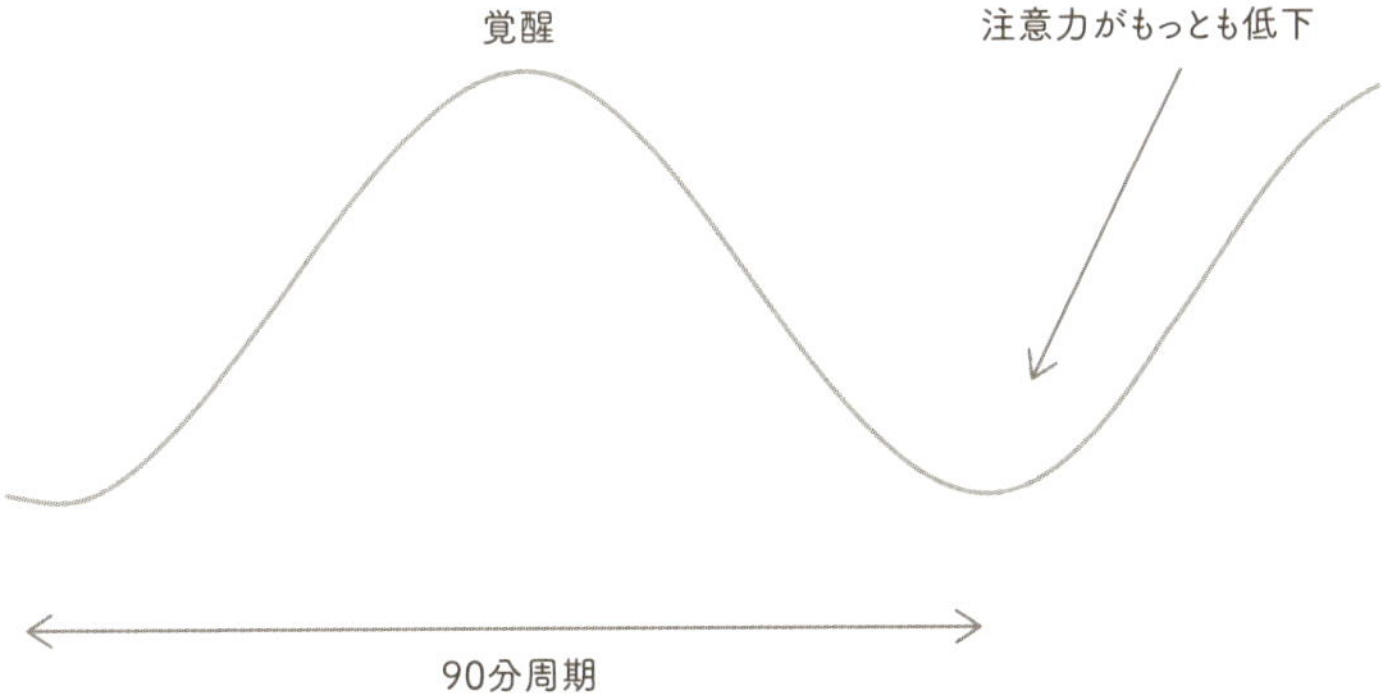

すでに気がついているかもしれませんが、この90分の覚醒周期のおわりには、赤ちゃんの眠る準備ができているということなのです。

では大人は、覚醒周期のおわりがきたら、赤ちゃんになにをしてあげたらよいのでしょうか。

次のページからその答えを明らかにしていくとともに、NAPSメソッドのベースとなっている赤ちゃんの睡眠のしくみについても見ていきましょう。

赤ちゃんが眠くなるのは目覚めてから90分後です

おやすみレッスンのポイント

- 赤ちゃんは90分しか起きていられません
- 睡眠時間に関係なく目覚めてから90分後に眠くなります
- 90分のタイミングにあわせて赤ちゃんを寝かせれば赤ちゃんは十分な睡眠をとることができます

重要なことなので、もう一度いいますね。
「90分の覚醒周期のおわりに、赤ちゃんは眠る準備ができる」のです。
つまり、赤ちゃんは90分しか起きていられません。

多くの大人が自分たちと比べて、この事実に驚きますが、朝7時に起きた赤ちゃんが、8時半には眠たそうにあくびをするのは、まったく普通のことなのです。

おまけに、この90分周期の時計はかなり正確であるだけでなく、赤ちゃんが起きた瞬間から動きはじめます。

もうひとつ、よく驚かれることがあります。それは、赤ちゃんが起きる前にどれだけ寝ていたかには、まったく関係がないということです。

短い昼寝のあとでも夜たっぷり寝たあとでも、目覚めた途端、90分の時計が動きだして覚醒周期がはじまり、90分後におわります。

赤ちゃんがすんなり眠る可能性が一番高いのが、この覚醒周期がおわるときです。昼寝をしたり、朝まで眠る準備ができているので、このタイミングにあわせて、赤ちゃんを寝かせてあげるようにすれば、赤ちゃんは体内のリズムと調和し、ぐずったり泣いたりすることなく眠りにつき、十分な睡眠をとることができるのです。

90分の覚醒周期のおわりを見逃さないようにしましょう

おやすみレッスンのポイント

- 赤ちゃんの90分の体内時計は覚醒周期のはじまりだけをコントロールしています
- 覚醒周期のおわりを見逃すと、すぐに次の覚醒周期がはじまり赤ちゃんは眠れなくなります

90分周期の話をすると、こんな疑問をもつ人もいます。

「90分周期が自然に起こるのなら、90分ごとに目をつぶるだけでころっと寝てしまいそうなのに、どうして赤ちゃんは眠れないのですか」と。

これはもっともな疑問だと思います。

実のところ、この体内時計は時間がきても眠りをうながしたりしません。不思議なことに、この体内時計がコントロールするのは覚醒状態、つまり赤ちゃんを特定の時間に「起こしておくこと」だけです。

そしてもうひとつ覚えておいてほしいことがあります。

覚醒周期がおわるタイミングで赤ちゃんを寝かしつけられないと、次の覚醒周期がはじまり、90分の体内時計が赤ちゃんを起こしておこうとはたらきます。

これは、すでにお話ししたように、概日リズムという体内時計がわたしたちを起こしておこうとするしくみ（31ページ）と同じことが赤ちゃんにも起こるからです。

したがって、赤ちゃんの発するサインを見逃すと、赤ちゃんは眠る機会を逃し、大人は寝かしつけるのに手をやくことになってしまうというわけなのです。

眠りの基本、90分周期を身につけると熟睡できます

おやすみレッスンのポイント

- 赤ちゃんは90分周期で眠るようになるとやがて周期を倍にしながら朝まで熟睡するようになります
- 赤ちゃんは、よく眠ると疲れがとれることを学んでよく眠るようになります

赤ちゃんが覚醒周期にあわせて眠りにつけるようになると、しだいに寝る時間が90分を基本のひとまとまりとして、2倍、3倍と長くなっていきます。

たとえば昼寝でいうと、90分またはその倍の3時間つづけて眠ることが増えてい

き、夜の睡眠時間も90分単位で長くなっていくということです。

また、90分周期の時計は成長してもはたらきつづけますが、昼間起きていられる時間が長くなるにつれ、周期はよくわからなくなっていきます。

個人差があり、1歳以降も90分周期がはっきり見られる場合もありますが、たいてい1歳あたりになると影響が薄れていきます。3時間（90分を2回分）、4時間半（90分を3回分）など、自然と起きていられるようになっているからです。

赤ちゃんは90分のリズムで眠れるようになると、よく眠ったあとはすっきり目が覚めて気持ちがよいことを覚え、疲れたら眠るのが一番だと学びます。

そして、急速に発達している神経の準備が整ったとき、赤ちゃんは「偉業」を達成しています。そう、朝までぐっすりと眠れるようになっているのです。

赤ちゃんの90分のリズムに気づき、この生物学的リズムにあわせて眠らせることができるようになったら、大切なことを教えられたといえるでしょう。

赤ちゃんが眠りにつけるよう静かな環境を整えましょう

おやすみレッスンのポイント

- 神経が未発達の赤ちゃんは眠りのサインをじょうずにキャッチできません
- 赤ちゃんが泣いたら、静かな場所で同じ動きを繰り返して眠りに集中できるようにしてあげます

赤ちゃんと大人の眠りと目覚めに関する違いを見てきましたが、もうひとつ大事なことがあります。それは、静かな環境をつくることです。

赤ちゃんの眠りのサインが見られたら、静かな環境で寝かしつけてあげましょう。

これは当たり前のように思うかもしれませんが、神経が発達途中の赤ちゃんにとってはとても重要なことです。

神経が発達し、目や耳から入ってくるさまざまな知覚情報を同時に処理することができる大人と違って、赤ちゃん（とくに6か月未満）は、ありとあらゆる情報をキャッチしてしまいます。

赤ちゃんは日々、まわりの世界のあらゆるものに接して経験を積み、どの情報が重要で、どの情報が無視してよいものかを学び、取捨選択する方法を身につけている最中です。

したがって、疲れて眠いときでも、目に見えるものや肌で感じられる情報のひとつひとつに注意が向いてしまうのをとめられません。

そんな情報の洪水のなかで、赤ちゃんが自分の脳が送ってくる「もうすぐ寝る時間ですよ」という信号、つまり眠りのサインを受けとめるのは大変なことです。

わたしたちは想像することしかできませんが、眠りたいと思っているのに自分ではどうにもできないなんて、赤ちゃんはどれほどのフラストレーションを感じていることでしょう。

「新生児の脳は大人の脳とは違う」と覚えておきましょう。

また、これは多くの赤ちゃんが眠いと泣く理由のひとつでもあります。

赤ちゃんが泣いたら、「きっと退屈しているのだろう。楽しませてあげなくちゃ」と考えがちです。

しかし、赤ちゃんは音のでるおもちゃやカラフルなベッドメリーなどまったく必要としていないのです。眠ることに集中できる環境を求めているのですね。

まずは赤ちゃんを静かな場所に連れていき、前後にゆらゆらさせるなど同じ動きを繰り返して、こうした動きに集中させ、心を静められるようにしてあげましょう。

そうすれば、赤ちゃんは自然と眠りのサインをキャッチして、眠りへといざなわれていくことでしょう。

第2章

今すぐできる NAPS《ナップス》メソッド

90分周期の体内時計を活用する
かんたんな眠りのトレーニングです。
どんなしくみでどうつかうのか
どんな効果が期待できるのかなど
詳しく紹介しましょう。

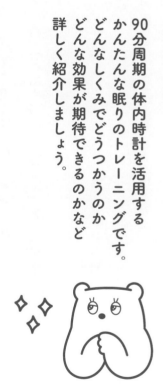

NAPSメソッドは4つのかんたんなステップからできています

NAPSメソッドは赤ちゃんの体内時計、眠りの90分周期にそってできています。この体内時計が、1日に何度も「昼寝（NAPS）」するようにできていることから、メソッドの内容を覚えやすいように名づけました。

メソッドはNAPSの4ステップにわかれており、かんたんにできて、赤ちゃんがよりよい眠りを得られるようになっています。いつなにをするのかわかりやすく、赤ちゃんが発する、眠る準備ができたというサインにも気づけるようになります。

赤ちゃんが日中に質のよい睡眠をとることができると、機嫌よくすごす時間が増えるだけなく、夜もよく眠ってくれるようになるでしょう。

NAPSメソッド 4つのステップ

NAPSメソッドは、赤ちゃんは眠るだけ、大人はNAPSを繰り返すだけ。赤ちゃんは自然に眠って目覚め、十分に眠るようになり、赤ちゃんも大人も余裕をもって日々を有意義にすごすことができるようになります。まずはぜひ試してみてください。

ステップ1

Note　メモする

目覚めた時間を記録します（56ページ）

赤ちゃんが自然に目覚めるまで眠らせておきます。目覚める気配を感じたら、すぐに時計をチェック！「おやすみダイアリー」（196ページ）に時間を書きとめます。

ステップ2

Add　加える

90分後の時間を書き加えます（60ページ）

目覚めた時間を書きとめたら90分後の時間もメモします。20分ほどしか寝ていなくても、90分後の時間を書きます。この90分という時間が、赤ちゃんが起きていられる一定の「覚醒周期」で、眠りの周期を形づくります。

ステップ3

Play　遊ぶ

赤ちゃんを遊ばせます（62ページ）

まずはおむつがえと必要なら授乳を行いましょう。赤ちゃんの遊ぶ準備が整うほか、赤ちゃんが眠るタイミングを知らせる「眠りのサイン」がわかりやすくなります。あとはたっぷり遊ばせます。

ステップ4

Soothe to sleep　寝かしつける

赤ちゃんを寝かしつけます（64ページ）

覚醒周期のおわる数分前が寝かしつけのタイミング。「眠りのサイン」と「90分周期」を参考に、まわりを静かにして同じ動作を繰り返しながら寝かしつけましょう。

ステップ1 N

赤ちゃんが目覚めた時間を記録します

おやすみレッスンのポイント

- 赤ちゃんが目覚める気配を感じたら時計をチェックして、起きた時間をメモします
- 自然に目覚めるまでぐっすり眠らせてあげることが大切です
- 決まった時間に無理に起こさないようにしましょう

NAPSメソッドの最初のステップ1（Noteｅ「メモする」）は、赤ちゃんが起きた時間を書きとめることです。

赤ちゃんが目覚める気配を感じたら、すぐに時計を見て時間をチェックしましょう。そして、時間を記録します。むずかしいことは一切ありません。これまでよりも時計をよく見て記録するだけです。

気をつけてほしいのは、赤ちゃんを決まった時間に起こすわけではないということ。赤ちゃんが自然に目覚めるまで寝かせてあげましょう。

赤ちゃんを決まった時間に起こすと、昼も夜もよく眠るようになり、大人も予定どおりの生活ができるようになるといったアドバイスを受けたことがあるかもしれません。

昼も夜も予測どおりにものごとが運べば大人にとってはありがたいことですが、赤ちゃんにとっては逆効果です。NAPSメソッドでは昼寝の時間が長すぎる、朝寝坊しすぎるからといって眠っている赤ちゃんを起こすことはしません。

昼寝の途中で起こしたら、結果的に赤ちゃんの睡眠時間は短くなります。夜ぐっすり眠っているように見えても、十分に眠れているわけではないのです。夜の睡眠が浅いと、昼間もよく眠ってくれなくなると考えましょう。

このステップでは、赤ちゃんが自然に起きるまで眠らせてあげることが大事です。

赤ちゃんをぐっすり眠らせてあげることは、起きているあいだに脳にたまったエネルギーやストレスを放出するのにも役立ちます。また、目覚めたときに心地よさを感じるため、赤ちゃんは、脳の整理がおわるまで寝ているほうがよいと無意識のうちに学ぶことができます。

ひんぱんに昼寝の途中で起こされたら、脳はこうしたことを学ぶ機会をえられず、その結果、睡眠時間が短くなってしまいます。

おまけに、脳が90分周期の睡眠を記憶できなくなり、昼寝の時間だけでなく、夜の睡眠時間も短くなってしまうでしょう。

余談ですが、幼児についても同じことがいえます。小中高生や大人も、目覚ましをつかわず、自然のリズムで起きられたら最高ですよね。赤ちゃんだって、変わらないのです。

また、睡眠は呼吸と似ています。昼間にたくさん呼吸したからといって、夜に呼吸をしないわけにはいきません。睡眠にも同じことがいえるのです。

しかし、お兄ちゃんやお姉ちゃんを学校に迎えにいったり、お医者さんにかかったり、日々の生活のなかで、どうしても昼寝の途中で赤ちゃんを起こさなければならないこともあるでしょう。こうした場合はしかたがありません。大人だって体はひとつしかありませんから、気にしないでください。

ただ、おじいちゃんと遊ばせたいからとか、赤ちゃんが目覚めるまで待てないからという理由で赤ちゃんを起こさないようにしましょう。

赤ちゃんがしっかり休めば、赤ちゃんも大人も一緒の時間をもっと楽しむことができるので、赤ちゃんのペースにあわせて、自然に起きるまで待ってあげましょう。

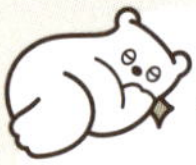

ステップ2 Ⓐ 90分後の時間を書き加えます

おやすみレッスンのポイント

- 赤ちゃんが目覚めた時間に90分足した時間を書き加えます
- 生後4か月をすぎると、起きていられる時間の90分周期が2回分（3時間）、3回分（4時間半）というように90分の倍数で長くなります

ステップ1と同じくステップ2（Ⓐdd「加える」）もかんたんです。ステップ1で記録した赤ちゃんが目覚めた時間に90分を足した時間を記録します。

これは、次に赤ちゃんが眠る準備ができる時間の目安なのでとても重要です。

たとえば、赤ちゃんが午前10時に目覚めたら、90分後は11時30分です。次に赤ちゃんが眠くなるのは、11時30分ごろだということになります。

NAPSメソッドの90分周期は、その前に赤ちゃんが眠っていた時間の長さは関係ありません。

赤ちゃんが午前９時40分から10時までしか寝ていなくても、次に眠くなるのは10時の90分後の11時30分です。

そして、生後４か月ごろをすぎると、だんだん覚醒周期が長くなり、90分周期２回分（３時間）、90分周期３回分（４時間半）と起きていられるようになります。

この場合も、気をつけるのは目覚めてから90分後の時間です。

生後４か月をすぎるころの変化については、のちほど生後３か月〜６か月に関するページ（１１４ページ）において詳しく説明します。

ステップ3 Ⓟ 赤ちゃんを遊ばせます

おやすみレッスンのポイント

- 赤ちゃんを遊ばせたり、一緒に遊んだり用事をすませるにもよい時間です
- おむつがえと必要なら授乳をしておき90分周期の変わり目をキャッチしやすくしましょう

ステップ3（Ⓟｌａｙ「遊ぶ」）は、赤ちゃんを遊ばせたり、一緒に遊んだりするだけです。まずはおむつがえと必要なら授乳を行いましょう。赤ちゃんの遊ぶ準備が整うばかりか、90分周期の変わり目がわかりやすくなります。

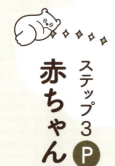

赤ちゃんがしっかり目覚めているときに授乳すれば、おなかがいっぱいになる前にうとうと眠ってしまうこともなく、たっぷり満足するまで飲んでくれるはずです。ただし、あまりにひんぱんに授乳していると、赤ちゃんは目覚めるたびに期待するようになり、夜中に起きる回数が多くなる傾向があるので注意しましょう。

また、赤ちゃんが起きているあいだに用事をすませるのもよいアイデアです。しっかり眠った赤ちゃんは外の世界に興味津々です。心地よい刺激を楽しむでしょう。

しかし、赤ちゃんは長いあいだ機嫌よく起きてはいられないことを忘れないように。目覚めてから90分たつと、再び眠くなります。

赤ちゃんを連れて長時間いくつもの用事をすませるのは、大人にとっても赤ちゃんにとってもかんたんなことではありません。赤ちゃんがご機嫌のまま無理なくこなせる量にすることをおすすめします。

ステップ4 S

赤ちゃんを寝かしつけます

おやすみレッスンのポイント

◆覚醒周期がおわる数分前に「眠りのサイン」をキャッチしたあとか90分の覚醒周期がおわる5～10分前に寝かしつけはじめます

◆「眠りのサイン」は赤ちゃんごとに異なるので見逃さないようにまわりを静かにして同じ動作を繰り返し、寝かしつけます

90分の覚醒周期のおわりは、赤ちゃんにとって自然に寝つくことができて、ぐっすり長い時間眠るための最高のチャンスです。

覚醒周期のおわりに近づいたら、赤ちゃんを寝かしつける準備を整えましょう。

それがステップ４（Ⓢoothe to sleep「寝かしつける」）です。

どうすれば寝かしつけるタイミングが正確にわかるのでしょうか。

それには、ステップ１とステップ２をきちんと行い、起きた時間とその90分後の時間を書きとめておくことです。さらには、赤ちゃんが眠るタイミングを知らせる「眠りのサイン」をだしていないかよく観察しておく必要があります（66ページ）。

眠りのサインを見つけるのはかんたんそうに思えますが、実際に赤ちゃんを観察してみると、赤ちゃんごとに違うためひと筋縄でいかない場合があります。

赤ちゃんは眠くなれば大人と同じように、あくびをしたり、目をこすったりすると思っていると、眠りのサインを見逃しかねません。赤ちゃんが眠いときにするしぐさは特殊です。わたしの娘の場合、無表情のまま両手をげんこつにして、腕を後ろにひくというめずらしいサインでした。

寝かしつけのタイミングは「眠りのサイン」が目安です

赤ちゃんが眠るタイミングを知らせる「眠りのサイン」は、90分周期がおわる数分前に見られることが多いでしょう。

赤ちゃんのなかには、あくびをしたり、目をこすったり、わかりやすいサインをだす子もいます。これは運動技能が十分発達している場合に多く見られます。だいたいの赤ちゃんはただ泣いたり、宙を見つめたりしています。

赤ちゃんの眠りのサインは、赤ちゃんごとに異なることが多いようです。サインはそれぞれで、身体的なものもあれば、感情的なもの、集中力に影響をおよぼすものもあります。

よくある「眠りのサイン」

身体的サイン	●手やカーペット、抱っこされた相手の肩などで目をこする ●耳をひっぱる ●あくびをする
感情的サイン	●泣く ●すすり泣く（とくに抱っこされていないとき） ●非常に興奮する ●突然イライラしはじめる、短気になる
集中力や注意力にかかわるサイン	●ぼんやりとする、反応がない、内にこもる ●突然おもちゃや活動に興味がなくなる

上の表に、よく見られる眠りのサインをまとめてみました。「あくびをする」「泣く」「ぼんやりとしている」「反応がなくなる」などのサインがひとつだけ見られる場合もあれば、同時にいくつか見られる場合や、独自のサインをだす赤ちゃんもいます。

最初のうちは自分の赤ちゃんの眠りのサインがわからなくても気にしないように。

どんなささいなことでもよいので、眠りのサインかもしれないと感じるしぐさや様子をメモしておけば、だんだんと眠りのサインらしきものがつかめてきて、そのうちはっきりわかるようになるでしょう。

眠りのサインが早くても遅くても 90分を目安に寝かしつけます

目が覚めてから90分たっていないのに、赤ちゃんが眠そうにしていることに気がつくことがあるかもしれません。この場合は、周期が短いのではなく、大人が気づくもっと前から目覚めて、周期がはじまっていた可能性があります。

赤ちゃんのなかには、目が覚めてもすぐには声をあげず、しばらく静かにまわりの様子をうかがっている子もいるのです。

赤ちゃんの様子を注意深く観察して眠りのサインに気づいたら、90分にこだわりすぎず、すぐに寝かしつけましょう。

赤ちゃんが眠りのサインをださないときでも、90分周期のおわる5〜10分前に寝かしつけをはじめます。

これまで、赤ちゃんがぐっすり眠るまで寝かしつけをしていた場合は、今のところ同じようにつづけてください。

6か月未満の赤ちゃんのほとんどは、眠るのに大人の助けが必要です。

生後6か月以上になってひとりで自然に眠れるようになった赤ちゃんの場合は、赤ちゃんがうとうとしはじめたら、そのまま完全に眠りにつく前に寝かせましょう。

赤ちゃんが生まれてから数日~数週間の場合は、目覚めてから90分も起きていられず、もっとひんぱんに眠りたがるかもしれません。

月齢にかかわらず、体調を崩したり、ケガをしたりしている場合も、赤ちゃんはとても眠くなる場合があります。このような場合は時間にとらわれずにすぐに寝かしつけてあげましょう。

赤ちゃんが眠りのサインをだしているのに、無理に起こしておかないようにすることが大切です。

静かな場所で同じ動作を繰り返し寝かしつけましょう

寝かしつけるには、まわりの環境を静かにして、心地よく単調な雰囲気にすると効果的です。

静かな場所でゆらゆらとゆらしてあげるなど、同じ動きを繰り返したり、赤ちゃんを抱っこしたまま、あるいはスリングに入れて歩いたりするのもよいでしょう。

約9か月間、ママの子宮のなかでゆらゆらしていた赤ちゃんは、この繰り返しのリズムを覚えています。人のぬくもりを感じると、聞きなれた声を聞き、なじみのあるにおいをかいだときと同じように赤ちゃんは心地よくなるのです。

ゆらしたり、あやしたりしはじめた途端に赤ちゃんが泣きだすこともありますが、すぐにあきらめないように。やさしくつづけてみましょう。赤ちゃんはまもなく落ち着いて、その動きを楽しむようになります。

子守歌を歌ってあげたり、ゆっくり「シーッ」と繰り返すなど同じ音を聞かせるのも効果があります。

一方で、寝かしつけの方法は考えておくとよいでしょう。

寝かしつけの目的は赤ちゃんを眠らせることで、大人がくたくたになることではありません。

赤ちゃんを抱いたまま屈伸したりするような、体力をつかって疲れ切ってしまうような寝かしつけのテクニックは長つづきしませんよね。

車やベビーカー、ベビーラックなど、のりものをつかう方法もありますが、こうした道具に頼ると、かんたんに寝かしつけられても、赤ちゃんがこれらの寝かしつけかたが大好きになって、ほかの方法では眠らなくなってしまう場合もあります。

赤ちゃんが体調を崩していたり、ほかの方法がまったく通用しないときなど、やむを得ない場合の作戦としてとっておくのがよいでしょう。

では、授乳はどうでしょう。授乳には、疲れた赤ちゃんを落ち着かせ、集中できるようにする効果があり、確かに寝かしつけにぴったりの方法です。

しかし、毎回頼ってしまうと、赤ちゃんが授乳をしないと眠らなくなってしまうため、おすすめしていません。目覚めるたびに授乳してもらえると思って、夜中に起きる回数も多くなりがちです。

生まれてから最初の数週間は、おなかがすいているのか眠いのか、なかなか判断できないためやむを得ませんが、生後3か月ごろには、母乳やミルクで眠気は解消できないことを赤ちゃんにわかってもらえるようにしましょう。

自然に眠くなったら眠るのが、赤ちゃんにとって一番よいのです。

寝かしつけのテクニックも含めて、月齢にあったNAPSメソッドについては、詳しくは3章（79ページ）を参考にしてください。

おすすめの寝かしつけのテクニック

- 赤ちゃんを前後にゆらす
- 抱っこして歩く
- 赤ちゃんを抱っこしてあなたの体ごとやさしく前後にゆらす
- 湯あがり用のおくるみや毛布で包む

特別なときの寝かしつけのテクニック

- 赤ちゃんを車にのせてドライブする
- 赤ちゃんをベビーカーにのせて散歩する
- 授乳する

※とくに授乳で寝かしつけるのは、新生児までにして、３か月以上になったらできるだけほかの方法をつかうようにしましょう

個人差がありますが、生後6か月〜8か月になったら自然に眠れるようにトレーニングをはじめてみましょう。

NAPSメソッドのメリットのひとつは、睡眠のタイミングにうまくあわせてあげられれば、授乳やベビーカー、ベビーラックなどに頼らず、赤ちゃんが自然に眠りにつけるようにしてあげられることです。

上に寝かしつけのテクニックをまとめてみました。参考にしながら、自分の赤ちゃんにあっていて、大人の負担になりにくい方法を見つけて実践してみましょう。

謎のぐずり泣きは疲れが原因？すぐに眠らせてあげましょう

赤ちゃんは疲れるとイライラして興奮し、大声で泣いたりします。大人にも眠れないほど疲れた経験があれば、これがどのくらい不快な状態か理解できるでしょう。**疲れきった赤ちゃんはとても不快で、だれかに助けてもらわないと眠れなくて泣くのです。**

この状態が「謎のぐずり泣き」です。みなさんも赤ちゃんのぐずり泣きに困った経験が一度はあるかもしれませんね。

しかし、母親学級などではこのことを教えてくれません。

ベテランの小児科医でさえ、赤ちゃんが泣くのは、「おなかがすいている」「さびしい」「退屈」「おなかにガスがたまっている」「おむつが濡れている、汚れている」「不快」「体調が悪い」「歯が痛い」「歯以外にどこか痛むところがある」のいずれかだという場合もあります。

赤ちゃんがぐずりだしたら、必死になって、授乳、おむつがえ、遊びのフルコースを試すのではなく、まずは赤ちゃんが眠るのを手伝ってみましょう。

授乳して落ち着くのは、これはミルクがほしいのではなく、吸う動作に集中して心が落ち着くという場合もあるのです。授乳は悪いことではありませんが、赤ちゃんの眠りのサインに気づいたら、寝かしつけを優先させてみましょう。

そして赤ちゃんが眠たがっているときは、できるだけ大人の用事はあとまわしにするようにしましょう。

スーパーマーケットのレジで大泣きしていた赤ちゃんが、帰りの車のチャイルドシートでころっと寝てしまうようなことがありますね。赤ちゃんは買い物が嫌いなのではなく、眠りたがっていたからぐずっていたのでしょう。

大人は泣いている理由がわかるとほっとするのではないでしょうか。

夜泣きは昼間の睡眠不足が原因？ 昼寝も十分にとるようにしましょう

赤ちゃんはどうして夜泣きをするのでしょう。

月齢や発達の度合いによりますが、ほとんどの赤ちゃんは90分周期で睡眠のすべての段階をひととおり経験します。こうして大人の睡眠に近づいていくのです。

睡眠の最終段階にシステムチェックのような作業を行いますが、これがはじまると、脳の一部は目覚め、起きているときと似た覚醒状態になります。

わたしたち大人は、このシステムチェックのことをなにも覚えておらず、なにも反応しませんが、赤ちゃんはパチッと目を見開いたり、寝返りができる子は寝返りをうったりしてから、また眠りにつきます。

けれども、すべての赤ちゃんがそのように再びかんたんに眠りにつけるわけではありません。眠れなくて泣きだしてしまうこともよくあります。

これが夜泣きです。

赤ちゃんは、空腹で泣くこともありますが、たいていは、神経系が未発達のためシステムチェックの際に、不均衡が生じて泣く場合が多いでしょう。

昼寝を十分にしていない赤ちゃんの場合は、さらにやっかいです。昼寝で発散されるべきエネルギーがたまっているので、神経がよけいにイライラしやすく、不安定になってしまっています。

だから、昼寝が足りていない赤ちゃんは、夜中に何度も目が覚めて、最終的にはしっかり起きてしまいます。そして目を覚ましたときには、なんとか睡眠状態に戻りたくて、だれかに助けを求めて、夜泣きをしてしまうのです。

日中に十分な睡眠がとれている赤ちゃんは、夜中に目が覚めても自分でまた眠りにつけるようになるでしょう。

月齢の進んだ赤ちゃんほど、昼間よく寝ておくと、夜もよく眠るようになります。

時間を有効につかって大人もよく眠りましょう

大人には、赤ちゃんが眠っているあいだに眠ることをおすすめします。

昼も夜も、大人は自分で思っている以上にがんばっています。育児が睡眠不足のまま延々とつづく実験のように感じることもあるでしょう。だから赤ちゃんと同じように疲れをとる休憩が必要なのです。

横になっても眠くならないようなら、赤ちゃんが起きているときにはできないことをしてみましょう。たとえば読書が好きなら本を読むのもよいですし、エクササイズをしたり、赤ちゃんを抱えていてはできない用事をすませるのもよいでしょう。

第3章

赤ちゃんの月齢別 NAPSメソッド活用法

誕生から1歳以降まで発達段階にあわせた
NAPS《ナップス》メソッドの
つかいかたを紹介します。
赤ちゃんの成長と睡眠の変化に
あわてずに対応していきましょう。

赤ちゃんの月齢にあわせてNAPSメソッドをつかいましょう

生まれてから1歳の誕生日まで、1年を通して、NAPSメソッドを実践していく方法は基本的に同じです。

しかし、この1年のあいだに子どもにはいくつかの発達段階があり、ひとつひとつの段階で変化と課題が生じます。

そうした子どもの変化と課題にじょうずに対応できるよう、月齢を細かく区切って、それぞれの時期に適したNAPSメソッドのつかいかたを紹介します。

赤ちゃんの昼寝は1日に何回、何時間すればよいのか、夜は何時間寝ればよいのか、大きくなるにつれてどう変わってくるのか、多くの疑問がでてくるでしょう。

はじめての子育てでなれないことも多く不安を感じると思いますが、NAPSメソッドを実践すれば大丈夫です。

睡眠時間に関しては、ひとつの目安として、NAPSメソッドを試しながら、このあとで紹介する、年間平均睡眠時間の分布表「わたしたちに必要な睡眠時間」（159ページ）と照らしあわせてみるのもよいでしょう。

しかし、この表の数字は、あくまでも平均的な睡眠時間をあらわしているのであって、すべての赤ちゃんがあてはまるわけではないので、あなたの赤ちゃんをこの表の睡眠時間に近づける必要はありません。

表の数字を目標にするのではなく、自分の赤ちゃんがだす眠りのサインにあわせることに集中しましょう。そうすれば、気分よく、効果的に赤ちゃんを寝かしつけることができるだけでなく、赤ちゃんは十分に休めて機嫌がよくなります。

眠りのサインをキャッチして、赤ちゃんが疲れてきたらいつでも寝られるようにすることが一番大切です。

90分周期にとらわれず眠らせます

おやすみレッスンのポイント

- 赤ちゃんの睡眠時間は1日に14～20時間、平均で16時間です
- 昼も夜も、少しずつ何度も眠り、90分起きていません
- 眠りのサインはほとんどあらわれません
- 疲れて泣く場合が多く見られます

生後2週間ごろまでの赤ちゃんは、個人差や毎日の睡眠時間にばらつきがあるものの、一般的によく眠ります。新生児は1日に14時間、16時間、18時間、20時間、またはそれ以上、大人からするとびっくりするほどよく寝るものです。

とても短い時間しか起きていられず、少し大きくなってからでないと、90分の周期や赤ちゃんに特有の眠りのサインがあらわれてこないでしょう。したがって、赤ちゃんが眠そうなら、無理に起こしておかないようにしましょう。

眠りのサインは数か月で見られるようになります。生まれてから数週間は、疲れたら泣くことが多いので、十分に休めるよう寝かしつけてあげましょう。

眠ったあと、しかめっ面をしたり、手足をバタバタさせたり、声をだしたり、目を開けたりしても、泣かなかったら、抱きあげないように。レム睡眠の段階かもしれません。この比較的静かなひとときを大人の自由な時間として活用しましょう。

90分周期がはじまる準備をして休めるときに休みましょう

子宮にいたころの赤ちゃんは、ほとんどいつも寝ている状態にありました。生まれてからの人生最初の2週間も、まだその状態がつづいているようなものです。生後2週間までの赤ちゃんを見ていると、大人が手を貸さなくても自然に眠りに落ちていることに気づくでしょう。

この段階の赤ちゃんは、大人の腕のなかはもちろんのこと、ベビーサークルや床においただけでも、基本的にどこでもいつでもころっと眠れます。しかも、ぐっすり眠れているのです。

新生児は掃除機をかけていたり、大音量で音楽が流れていたり、救急車がサイレンを鳴らして通りすぎたりしたとしても眠っていられます。

気性が穏やかで1回に何時間もぐっすり眠る新生児の場合、生後数週間は育児なんてかんたんだと思うかもしれません。

しかし、油断は禁物です。まもなく赤ちゃんの覚醒周期が稼働しはじめます。もちろんNAPSメソッドがあれば、自然のリズムにあわせて赤ちゃんを眠らせ、十分な睡眠をとらせることができるだけでなく、大人も休む時間をもつことができるので、あわてることはありません。とはいえ、余裕のあるうちにできるだけ休みながら、大変な育児がはじまることを覚悟しておきましょう。

NAPSメソッドの
4つの手順を
すぐにできるように
準備しておこう

赤ちゃんはよく眠りますが眠りつづけるわけではありません

妊娠、出産という大仕事をおえてまもなく、体力を回復させながら、親という新たな役割になれるまで、大人も心身ともに大きなストレスを感じるのは当たり前のことです。

はじめてづくしの毎日なので大変なのも、うまくいかないのも当然のこと。くれぐれも落ちこんだりしないようにしましょう。

たとえば、授乳は赤ちゃんの成長に欠かせないもので、親にとっても赤ちゃんにとっても大きなメリットがあり、授乳をしている時間は愛情に満ちた至福のひとときでもありますが、はじめのうちは苦痛だと感じることも少なくありません。

また、この時期の赤ちゃんは長い時間まとめて眠りつづけるわけではないため、

1日に20時間眠る赤ちゃんのお世話だって、かんたんではありません。

通常、新生児が1回に眠りつづける時間は20分から4時間、またはそれ以上と、そのときによってまちまちです。

赤ちゃんの様子を観察するときは、はじめの数週間はひんぱんに授乳しなければならないことや、赤ちゃんが目覚めるのはおなかがすいたときだけではないことを頭の片隅においておきましょう。

赤ちゃんがこまめに目覚めて泣くのは、脳の成長とも関係があります。ひとつの睡眠周期がおわって、もう一度眠りにつきたいにもかかわらず、脳が未発達のためにじょうずに対応できず、泣くことがよくあるのです。その場合は、寝かしつけてあげましょう。

これらをしっかり覚えておくと、眠りのサインを見つけやすくなったり、泣いている原因がわかったり、この先、赤ちゃんに長い時間眠りつづけることを教えるときに役立ちます。

NAPSメソッドの準備をはじめて90分周期を見つけてみましょう

余裕ができてきたら、眠りの90分周期を探してみましょう。

すぐにこの周期が見つけられなくても、がっかりすることはありません。生まれたときから90分周期がはっきりわかる場合もありますが、生後数週間ですべての赤ちゃんに90分周期が見られるのか、まだわかっていないこともあるのですから。


大切なのは90分周期にとらわれすぎず、赤ちゃんが眠そうにしていたら、目覚めてから90分たっていなくても、無理に起こしておかず、眠らせてあげること。誕生から数週間の赤ちゃんだけでなく、0歳のあいだはずっといえることです。

まずは、90分周期を見つけるためには、体調や体質など考慮しなければならない理由がないかぎり、時間を決めて必ず授乳したり、寝かしつけたりしないようにしましょう。

そうしたほうが、赤ちゃんが目覚めてから60分から90分後くらいに泣きはじめたときに、どうして泣いているのか予想がつきやすくなります。

生後数週間は、赤ちゃんがいつ目覚めたのかよくわからないと思いますが、できる範囲で気をつけておくようにしましょう。

赤ちゃんの覚醒周期がわかり、覚醒周期がおわるタイミングで寝かしつけてあげれば、ぐずったり、泣きつづけることがなくなるでしょう。

はっきりしたリズムがわからなくても、赤ちゃんはおなかがすいているときや不快なときだけでなく、疲れているときも泣くことを知っていれば、あわてずにすみますね。授乳しておむつもかえて、あたたかくしてあげたのにまだ泣いているようなら、おもちゃなどで刺激しないようにしてみましょう。

昼と夜の違いがわかるように環境を整えましょう

新生児はときどき昼と夜をまちがえて、昼間にもっとも長く寝たりします。これは普通のことで、数週間たつと赤ちゃんの概日リズム（31ページ）があらわれ、通常は自然に修正されます。いつまでもそのままだったら、少しずつ通常のリズムに近づける方法（１８９ページ）を参考にしてくださいね。

日中に長い時間昼寝をしたからといって、途中で起こして昼間の睡眠時間を減らしたとしても、夜によく眠るようにはなりません。昼間でも、眠りたいだけ眠らせてあげることで、赤ちゃんは自分で睡眠時間を整え、まとめて眠る方法を学んでいきます。

また、この時期の赤ちゃんは昼と夜の区別がなくても問題はありません。
そのため、夜中に起きたときは、赤ちゃんに「今が夜だよ」と伝わるように行動しましょう。

赤ちゃんが夜中に目を覚ますたびに、部屋のすべての照明とテレビをつけて、昼間のような大きな声で話をしていると、夜は朝や昼の時間とは違うのだということを教えられません。発達中の赤ちゃんの概日リズムを混乱させるきっかけにもなります。

あなたの目がぱっちり覚めていたとしても、フットライトや常夜灯をつかって明かりはなるべく暗くし、ひそひそ声で話すようにしましょう。

逆に、昼間も家のなかを暗くして静かに暮らしている場合も、同じように赤ちゃんが昼と夜を正しく区別できるようになるのを遅らせてしまう可能性があります。

昼と夜の違いを自然と理解できるように環境を整えましょう。

活発なレム睡眠に だまされないようにしましょう

新生児の睡眠は、レム睡眠が占める割合が大人よりもずっと大きくなっています。レム睡眠は活発な睡眠段階で、大人がレム睡眠中の赤ちゃんを見ると、起きているのかと思ったり、睡眠障害なのではないかと思ったりすることもあります。

赤ちゃんが寝ながらピクピク動いたり、しかめっ面をしたり、うっすら開いたまぶたの下で目をキョロキョロさせたりしても、心配して抱きあげないように。

ちょっと奇妙に見えますが、これはレム睡眠中によくあるごく普通の行動です。赤ちゃんは苦しんでいるわけでも、悪い夢を見ているわけでもありません。赤ちゃんが眠りつづけ、次の睡眠段階に移れるように、そっとしておいてあげましょう。

まだ小さい赤ちゃんは、多くの時間をレム睡眠ともノンレム睡眠とも見分けがつかないあいまいな状態ですごします。この段階を幼児睡眠の専門家は「不定睡眠」と呼んだりします。

不定睡眠中は、レム睡眠のように本当は起きていないのに起きているように見えます。赤ちゃんは話しかけているような声をだすことも、閉じたまぶたをぱっちり開いたり、手足を動かしたりすることもあるでしょう。

そんな様子を見たら、思わず赤ちゃんに声をかけて抱きあげたくなりますよね。でも、赤ちゃんはまだ目覚めていないかもしれません。赤ちゃんの後ろに立って、目をあわせないようにしながら、赤ちゃんがまた眠りにつけるか数分間、様子を見まもりましょう。目をあわせないのは、赤ちゃんがはっきりと起きていなくても、目をあわせると目を覚ましてしまうおそれがあるからです。

赤ちゃんがまどろんでいて、深い本当の眠りに戻っていけそうなら、何度か同じことを繰り返すうちに、長く眠る方法を自然と身につけることができるでしょう。

90分周期のリズムをとらえて寝かせましょう

おやすみレッスンのポイント

- 1日15〜16時間の睡眠と寝かしつけが必要です
- 90分周期があらわれはじめます
- NAPSメソッドで夜と昼のリズムができやすくなります
- 夜中は90分以上起こしておかないようにします

このころの赤ちゃんは、1日15〜16時間眠る必要があります。だいたい、どの子にも90分周期の影響が見えはじめるため、NAPSメソッドをつかって、十分に寝られるようにしてあげましょう。

赤ちゃんはまだひとりで自然に眠れないため、寝かしつけてあげます。まぶたを開いたり、声をあげたりしたら、再び眠りにつけるように手伝ってあげましょう。

多くの赤ちゃんが、生後2か月くらいで昼と夜の区別ができるようになりますが、それまでは夜中に目を覚ましても、90分以上起こしておかないようにします。

まだ昼寝のタイミングは定まっていませんが、ＮＡＰＳメソッドをつかっていると、昼と夜のリズムができてくるでしょう。

赤ちゃんがぐずって泣く場合、疲れていることが多いものの、神経系の発達（１００ページ）、たそがれ泣き（１０３ページ）、コリック（１０５ページ）などが原因のときもあります。ＮＡＰＳメソッドを試して様子を見ましょう。体調が悪そうな場合は、かかりつけの医師に相談しましょう。

また、家以外では寝つきが悪かったり、眠れない赤ちゃんもいます。昼寝の時間は家にいられるように予定を調整するようにしましょう。

90分周期がはじまると疲れると泣く傾向が強まります

生後2週間をすぎても、赤ちゃんはまだまだよく眠ります。だいたい1日に15〜16時間くらいですが、さらに長く眠ることもあるでしょう。

そしていよいよ、眠りの90分周期がはじまります。

この時期は育児が大変になってくるころでもあります。ひたすら寝てばかりだった最初の1〜2週間がおわると、赤ちゃんは眠いのに起きている状態を不快に感じ、機嫌が悪くなることが増えてきます。

それまではリビングルームのカーペットの上でもことんと眠れていた赤ちゃんでさえ、神経質で頑固になります。疲れると泣く傾向が強くなるのもこの時期です。

そのうえ、育児休暇をとっていた家族が仕事に復帰したり、産後の手伝いにきてくれていた家族が帰りじたくをはじめたり、負担は増える一方です。

けれどもありがたいことに、赤ちゃんがよく泣くようになるのは、睡眠の90分周期がはじまる時期とほぼ同じです。90分周期を予測できると、ＮＡＰＳメソッドを活用してこの大変な時期をのり越えることができるでしょう。

わたしにも経験があります。２番目の子どもがこの時期に入ったときのことです。なんとか自分を見失わないでいられたのは、この90分周期を知っていたからでした。

つらくて大変なときこそ、赤ちゃんが起きてから90分たてば、また眠りにつくということを思いだしてください。そして、赤ちゃんを刺激の多い環境から移し、ＮＡＰＳメソッドで十分眠れるようにしてあげましょう。

90分周期のおわりを知らせる眠りのサインも、そろそろできはじめているかもしれません。注意して見てみましょう。

長つづきする寝かしつけで眠る手伝いをしましょう

このころの赤ちゃんは、まだひとりで自然に眠れないため、眠る手伝いをしてあげる必要があります。

眠くなると、あくびをしたり、元気がなくなって見えたり、遠い目をしたりして、眠りのサインをだし、大人に知らせる子もあらわれはじめる時期です。

気性が穏やかな赤ちゃんは、はっきりした眠りのサインをださないかもしれませんが、そんな場合も、眠りやすいように環境を整えてあげると、喜んでまぶたを閉じ、うとうとしはじめるでしょう。

この時期の赤ちゃんは生まれてまもないので、授乳やドライブ、ベビーラックなどの助けを借りて寝かしつけてもかまいません。

しかし、赤ちゃんが眠くなるたびにドライブに連れだしたり、ベビーラックにのせたり、夜中に起きるたびに階段をのぼったりおりたりして寝かしつけるのは体力的に大変なことで、長つづきしないもの。

おまけに、疲れると泣く傾向が強くなるころでもあり、めいっぱい泣かれたときには、精神的にも大変でしょう。

生後2か月のおわりから3か月に近づいたら、こうした寝かしつけのテクニックに頼るのをやめて、別の方法に変えるのがおすすめです。これから数か月つかいつづけられそうな寝かしつけの方法を見つけましょう。

73ページを参考に
赤ちゃんにも大人にも
やさしい
寝かしつけかたを
見つけてみてね

泣く理由は「疲れ」以外にも？４つの大きな可能性があります

赤ちゃんが泣くのは、「寒い」「おなかがすいている」「おむつが濡れている」「体調が悪い」のうちのいずれかだという人がいますが、お話ししてきたとおり、赤ちゃんは疲れたときにも泣きます。しかし、次の４つの理由でも泣くことがあります。

理由① 神経系の発達のため

このころの赤ちゃんは、脳で起こるできごとが刺激になって泣くこともあります。

わたしたちはニューロン（神経細胞）を多めにもって生まれますが、成長するにしたがい、あまりつかわない余分なニューロンや、ニューロンどうしのあいだで情報を伝える神経経路がしだいにとりのぞかれていきます。

これは「刈り込み」と呼ばれますが、この大仕事が赤ちゃんの脳で盛んに行われるのです。

脳は、刈り込みを行うことでより効率的にはたらき、重要なことに集中できるようになります。同時に、覚醒周期のメカニズムがあらわれる手助けもしてくれます。このおかげで、赤ちゃんはまわりの世界にもっと注意を向けられるようになるのです。

ところが、まだ原因はわかっていないのですが、こうした新しい状態に順応したり、移行したりするのは大変な仕事で、とても苦しい思いをする赤ちゃんもいるようです。

新生児は、この大変な変化に立ち向かいたくても、ただ助けを求めて泣くことしかできません。そんな赤ちゃんには、なによりも休養が必要です。たっぷり休めるようにしてあげましょう。

理由② 感覚過負荷《かんかくかふか》の状態にあるため

赤ちゃんの感覚に過度な負荷がかかることも原因として考えられます。赤ちゃんが子宮から外の世界へでるとき、どんな変化があるか想像してみましょう。赤ちゃんは暗くて静かなところから、新しい環境へと移るのです。いろいろなものが見えたり、におったり、聞こえたり、さまざまな感覚がはたらきます。

まわりの世界から受けとる知覚情報は、赤ちゃんにとっては雑音です。赤ちゃんは意味もわからなければ、ひとりでは雑音から逃れることもできません。しかも、この雑音のせいで、体が眠りのサインを送ってきても、それを自分では「聞きとる」ことができないのです。赤ちゃんは大人の助けを待っているのですね。

赤ちゃんの泣き声が聞こえたら、スムーズに睡眠に入れるように、刺激のない環境をつくってあげる必要があることを思いだしてください。

すべてを単調に整え、静かな場所でゆらゆらとゆらしてあげたり、同じ歌を繰り返し歌ってあげるとよいでしょう。そうすれば、赤ちゃんは雑音や刺激でいっぱいの世界に気をとられず、眠ることだけに集中できます。

眠りから注意がそれないように、同じ調子でひたすら繰り返すのがポイントです。しだいに赤ちゃんはまわりの環境から解放されるでしょう。

理由③　夕方にぐずる、たそがれ泣きのため

まだ小さい赤ちゃんは、夕方ごろになるとよくぐずりはじめます。夕方が近づき、まるで号令でもかかったかのように突然大声で激しく泣きはじめるたびに、気が重くなり、絶望的な気分になったことがある人もいるでしょう。

これは「たそがれ泣き」とも呼ばれていて、だいたい生後２週間からはじまり、２か月～３か月までつづきます。このタイミングは驚くほど正確で、毎日いつ泣きはじめて、いつ落ち着くか見当がつくようになるほどです。そして、永遠につづくのではないかと不安になるぐらいよく起こります。

赤ちゃんが、たそがれ泣きをするのは、概日リズム（31ページ）ができはじめていることが原因の場合が多いでしょう。

生物学的リズムや睡眠リズムについてのいくつかの研究から、大人には「睡眠禁止帯」と呼ばれる時間があることがわかっています。

睡眠禁止帯は、夕方の早い時間帯のことで、この時間はどんなに疲れていてもなかなか眠れません。新生児がたそがれ泣きするのは、脳が自然にこの特徴をとり入れようとしているからだという説があるのです。

たそがれ泣きにうまく対処するには、刺激を減らすことが一番です。

赤ちゃんの気をまぎらわそうとテレビを見せたり、おもちゃを与えたり、楽しい歌を歌ったり、おもしろい顔をしてみせたりする必要はありません。

少しのあいだ赤ちゃんをなだめることはできますが、刺激のせいで、すぐに前よりもっと不快になって、機嫌が悪くなってしまうからです。

忘れないでほしいのは、赤ちゃんがぐずるのは、決して大人のせいではないということ。たそがれ泣きはしかたのないものです。発達のひとつの段階で、いずれなくなります。

なかなか泣きやまないと困ってしまいますが、そんなときこそ、赤ちゃんの起きていられる時間は90分しかつづかないことを思いだしましょう。

理由④コリックの可能性があるため

コリックとは、おなかがすいていたり、体調が悪かったり、不快に感じていたりといった、なにかはっきりした原因があるわけでもないのに、赤ちゃんが日中または夜の決まった時間に泣きやまなくなることをいいます。

コリックの赤ちゃんの家族は、「うちの子は何時間も泣きつづけます」とか「うちの赤ちゃんは年中泣きっぱなしです」とよくいいますが、だいたいは生後３週間ごろからはじまって、生後3か月〜4か月のおわりには落ち着きます。

NAPSメソッドはコリックを減らすことにも効果が期待できます。

実際にNAPSメソッドをつかいはじめたら、コリックがおさまったとか、減ったという話を何度も耳にしています。

なかには本当によく眠っていたのに突然泣きだしたり、たそがれ泣きでもないのに大泣きしたりするコリックの赤ちゃんもいて、ひたすら「泣く」「眠る」「授乳」のパターンを繰り返します。

そうした場合は、NAPSメソッドを行う際に、眠りのサインを探すのはあきらめて、タイマーをつかうことをおすすめします。

赤ちゃんが目を覚ましたらタイマーをセットし、90分後に寝かしつけをはじめてみるのです。大きな声で泣いている状態では、眠りのサインを読みとることは困難ですから。

生後２週間～３か月のあいだは、あとのことを考え、いろいろな寝かしつけを試してみましょう。また、この大変な時期のあいだは、ひとりで向きあわず、パートナーや家族、ベビーシッター、自治体の子育て支援サービス事業など、まわりの人や制度にどんどん頼りましょう。

何度もいいますが、赤ちゃんが泣いているのは、大人のせいではありません。どうか気にしないでください。

睡眠のリズムが芽生えはじめ眠る時間が増えていきます

ＮＡＰＳメソッドをつかいはじめても、すぐには、昼寝の正確なスケジュールはわからないかもしれません。少なくともはじめのうちは、午前中はいつも９時に寝て、午後は１時に寝るというようにはいかないでしょう。

このころは昼寝の長さもまちまちです。長い昼寝をするかと思えば、５回も６回も昼寝をして、そのたびに長さが違うこともありますが、それでよいのです。また、生まれて最初の３か月間は、どうしても赤ちゃんの寝る時間は遅くなりがちです。おまけに夜中に何度か目を覚ましますが、これも普通のことです。

今はしっかりした昼寝のスケジュールがなくても、この時期がおわるころにはＮ

APSメソッドの成果として、赤ちゃんの生活にリズムができはじめます。ほとんどの大人は、生後数週間のバタバタした状態から抜けだすことができて、ほっとするでしょう。

赤ちゃんと遊べる時間が楽しみになってくるかもしれません。赤ちゃんの眠る時間が予測できると気持ちにも余裕がでてきます。

NAPSメソッドをつかうと、赤ちゃんはよく休むことができるようになるので、ひとつの睡眠周期から次の周期へスムーズに移れるようになり、夜中に目が覚める回数も少なくなってきて、最終的には最小限ですむようになります。

赤ちゃんが成長して睡眠のリズムが発達してくると、はじめは短かった昼寝の時間がだんだん長くなり、夜に寝る時間も早くなって、夜中に起きる回数も減ってくるでしょう。

概日リズムがあらわれはじめ夜にもっとも長く眠るようになります

これまで昼と夜の区別がつかなかった赤ちゃんの家族によいニュースがあります。生後２週間〜３か月ごろには、概日リズム（31ページ）が見られるようになってくるのです。

概日リズムは24時間周期の体内時計で、昼間は活動的になり、夜は深く眠れるようプログラムされています。だいたい妊娠してから46週目、予定日以降に生まれた赤ちゃんなら生後約6週目でできあがります。

概日リズムが整いはじめると、たそがれ泣きの原因にもなりますが、赤ちゃんが1日でもっとも長く眠る時間が夜になるので、大人は助かるでしょう。小さな赤ちゃんだって大人と同じように夜に長く寝るのが一番です。

このころまでに、赤ちゃんが眠るまで、夜は照明を暗めにしたり、家族の会話も小さな声でする習慣をつけておきましょう。

夜中に赤ちゃんがしっかり目を覚ましてしまい、あやしたり、授乳したり、背中をトントンしても寝かすことができなかったとしても、あせらないように。90分たてば、また眠る準備ができるのですから。

これは昼間どれだけ長く昼寝をしていても関係ありません。夜も同じです。

このことがわかれば、たとえ赤ちゃんが夜中の3時にぱっちり目を覚まし、遊びたがっていてもあわてずにすみます。眠れなくてぐずりだしたとしても、4時半にはまた寝るはずです。おわりが見えているだけでも、大人の負担は減るでしょう。

ただし、そうしたときでも、夜中に遊ばせてはいけません。赤ちゃんが起きていても、静かにして部屋を暗くしておきます。抱きあげる必要があるなら、抱きあげてもよいですが、おもちゃであやしたり、部屋を明るくしないようにしましょう。

目を覚ました時間から90分以上起こしておかないようにするのが大切です。

NAPS メソッドを やってみた！

生後8週間の赤ちゃんの昼寝パターンを見てみましょう

昼寝のパターンがどうあらわれてくるのかわかりやすいように、ミア、ジャック、アイザックの3人の赤ちゃんの様子を左ページにまとめました。NAPSメソッドをわかりやすく紹介するため、起きた時間と寝た時間のみが書いてあります。

3人とも生後8週間で、家族は赤ちゃんの体内時計にあわせて生活しています。この例でもわかるように、このころの赤ちゃんは、昼寝の長さも回数もまちまちで、赤ちゃんによっても、日によっても、昼寝のパターンに違いがあります。

昼寝が長くても短くても、起きてから次にまた寝るまでの時間が、いつも90分という点に注目しましょう。

生後8週間の赤ちゃんの1日の睡眠スケジュール

長く起きていられるようになるため夜は早めに寝かしつけましょう

おやすみレッスンのポイント

- これまでの約3倍長く起きていますが、14〜15時間の睡眠が必要です
- 夜は早く眠るようになり、昼寝は3回になってきます
- 日中90分以上起きていられるようになります
- 夜は早めに寝かしつけ、起きたら授乳以外で寝かしつけます

このころの赤ちゃんは、まだ1日に14〜15時間眠らなければなりません。NAPSメソッドをつかっていれば、毎日同じくらいの時間眠るようになり、昼も夜も1回に眠る時間が長くなってきます。

生後４か月目から５か月目に入ると、夜に寝る時間は早くなり、昼寝は午前、午後、夕方の３回まとまった時間眠るようになって、日中も90分以上の長い時間（これまでの２～３倍）、場合によっては３～４時間半起きていられるようになります。昼寝や起きていられる時間の長さやタイミングは、眠りのサインと同じく個人差や違いがあります。優劣の問題ではないので気にしないようにしましょう。

また、夜中におなかがすいて起きることが少なくなってくるので、授乳以外の方法で寝かしつけます。

ただし、健康上の理由で、ひんぱんに授乳が必要な場合もあるので、かかりつけの医師に相談しましょう。担当医に授乳以外で寝かしつけてもよいといわれたら、日中の授乳の間隔を４時間くらいのばしてよいか、あわせて聞いてみましょう。

この時期は、寝かしつけなくてもひとりで自然に眠りにつけるか挑戦してもよいころです。まずは覚醒周期のおわりに、赤ちゃんがまだうとうとしている状態でベッドに寝かせてみましょう（１１７ページ）。

1回の昼寝の時間が長くなりパターンができはじめます

赤ちゃんは夜に一番長く眠るようになりますが、まだ1日に何度も昼寝をします。しかし、少しずつ長い時間まとめて寝るようになり、短い昼寝は、生後3か月〜5か月のおわりまでには回数が減ります。個人差もありますが、たいていは午前中に1回、午後に1回、夕方前後に1回、合計3回の昼寝になります。

夕方に赤ちゃんが眠そうにしていたら寝かせてあげましょう。夕方の昼寝は短いことが多く、夕方に寝たからといって夜によく眠れなくなることはありません。

また、赤ちゃんがこの昼寝3回のパターンにあてはまらなくても心配しないように。このくらいの月齢なら夜にどのくらい寝ているか、1回の昼寝で何時間眠るかによって、もっと多く昼寝をする子もいれば、もっと少ない子もいます。昼寝の時間が短い赤ちゃんは、１日に５～６回も昼寝をすることになりますが、これまでどおり90分周期のおわりが近づいたら寝かしつけましょう。

生後６か月になっても昼寝の長さがのびなかったら、長くなるように手伝ってあげます（１４０ページ）。

ＮＡＰＳメソッドをつかうと昼寝のパターンができやすくなり、赤ちゃんの昼寝の長さとタイミングは日ごとに予想しやすくなっていくでしょう。

この時期は、寝かしつけをせずにひとりで自然に眠れるか試すにもよく、はじめやすいのは夜です。昼寝よりもかんたんに、自然に眠ることがわかっています。

まずは覚醒周期がおわり、赤ちゃんが疲れて眠りに落ちる準備ができるまで寝かせるタイミングを待ちます。覚醒周期の途中で寝かしつけてもなかなか眠りません。たとえものすごく疲れていたとしても眠らない場合があります。

赤ちゃんが自然に寝なくても心配しないように。この時期の赤ちゃんはまだ脳が発達途中にあるため、ひとりで自然に眠ることは大変な作業なのですから。

発達中の脳のために夜は早く寝かしつけましょう

生後4か月~5か月になると、ほとんどの赤ちゃんは夜遅くまで起きていることはなくなり、それまでよりずっと早く眠るようになります。たいてい午後6~8時に眠るようになるでしょう。

大人がみな仕事をしているなら、赤ちゃんを夜遅くまで起こしておいてしまう、あるいは起こしておきたくなるかもしれませんが、気をつけましょう。ほとんどの赤ちゃんは日の出とともに起きます。幼児になっても早起きはつづくことを覚えておきましょう。

赤ちゃんを夜遅くまで起こしておくことで、朝起きる時間を遅らせることができたとしても、おすすめできません。赤ちゃんの発達中の脳に、日がのぼったことを知らせるのは大切なことだからです。

脳の時計は、眠りと目覚めだけでなく、多くの生理機能をコントロールしています。日の出はこの脳の時計に大事なサインを送っているのです。また、脳の時計と体内時計のタイミングがあっているほど、よくはたらきます。

徹夜して睡眠が足りないと、仕事中は頭がさえないうえ、仕事がおわってもなかなか眠れないのは、そのためです。

大人の生活にあわせるために、赤ちゃんを遅くまで起こしておいたり、起こしておきたいと考えている人に会うたびに、睡眠は生きていくうえで必要な生理的欲求だという話をするようにしています。

どうしても夜遅くまで起きていなければならないこともあるでしょうが、たとえ夜に赤ちゃんとすごす時間が減ってしまっても、できるだけ早く寝かせてあげることが、のちに赤ちゃんにとってプラスにはたらくことを忘れないようにしましょう。

起きていられる時間は90分の倍数でのびていきます

いつ赤ちゃんが90分以上起きていられるようになるかは決まっていませんが、多くは生後４か月をすぎると、個人差はあるものの、起きている時間が90分から３時間（90分周期が２回分）、または４時間半（90分周期が３回分）になります。

つまり、これまでの２〜３倍の長い時間、起きていられるようになるのです。

この変化がどう起こるかはだいたい予想がつきます。

最初に長く起きていられるようになるのは、夕方から夜寝るまでの時間です。そして、朝起きたあとの時間も長く起きていられるようになっていきます。

起きていられる時間は、90分から倍の１８０分、３倍の２７０分というように、90分周期の倍数でのびていきます。

たとえば、朝6時30分に起きて8時から11時まで3時間、午前中の昼寝をしたとします。これがまもなく6時30分に起きて9時30分から11時まで1時間30分、午前中の昼寝をするように変わるのです。午前中の昼寝がなくなるわけではありません。短くなっただけです。

90分の周期もつづきます。夜寝る前は以前より長く起きていることもあるでしょう。だからといって、赤ちゃんをそのまま長い時間起こしておかないように。赤ちゃんの眠りのサインにしたがうようにしましょう。

なかには、ほぼ一夜にして、夕方か朝、または両方で起きていられる時間がのびる赤ちゃんもいますが、この変化に数日または数週間かかる赤ちゃんもいます。長く起きている日もあれば、それまでどおりの日もあり、落ち着くまではがまんが必要です。しかし、まもなく赤ちゃんも大人も新しいパターンになれるでしょう。

はじめは大人の休める時間が減ってしまい、大変に思うかもしれませんが、昼寝のことを心配せずにすごせる時間が長くなって、生活がより楽しくなるはずです。

よくない習慣をつけないように授乳以外の方法で寝かしつけます

この時期、夜中の寝かしつけで気をつけてもらいたいことは、授乳のタイミングです。今のところ赤ちゃんの生活は、授乳と眠ることが中心なので、夜中に赤ちゃんが目覚めるのはおなかがすいたからだと考え、起きるたびに授乳してしまいがちでしょう。

確かにおなかがすいている場合もありますが、まだ神経系が十分に発達していないことや昼間に十分眠っていないことが原因の場合もあります。

空腹かどうかがわからないのに授乳していると、ふたつの問題が起きます。ひとつは、赤ちゃんは眠りたいのに寝かしつけてもらえず本当の解決にはならないこと。もうひとつは、赤ちゃんに毎晩同じ時間に起きる習慣をつけてしまうことです。

こうしてみてはどうでしょう。授乳したばかりなのに90分周期のおわり(90分、3時間、4時間半、6時間など、90分の倍数の時間)が近づいていたら、再びすぐに授乳するのではなく、静かな場所でゆらゆらとゆらしたり、ベビーベッドに寝かせたまま体をトントンとやさしくたたいてあげたりして、まずは寝かしつけてみます。どれもうまくいかなかったら、そのときは授乳をするのです。

このやりかたを裏づける研究データがあります。1993年にアメリカの小児科学雑誌『ペディアトリクス』に発表されたものです。その研究は次のとおりです。

まず、赤ちゃんとママをAとBのふたつのグループにわけます。

グループAのママたちは赤ちゃんが夜中に起きるたびに授乳し、グループBでは午後10時から夜中まで時間を決めて授乳し、それ以降は赤ちゃんが目覚めてもほかの方法で寝かしつけ、授乳の間隔をあけるようにしました(本当におなかがすいていると思ったときは授乳します)。

8週間後に結果を見ると、グループBの赤ちゃん全員が、夜中は12時から朝の5

時まで、少なくても5時間はつづけて眠るようになっていました。一方、グループAの赤ちゃんのうち5時間以上眠りつづけたのは25％弱の赤ちゃんだけでした。ちなみにA、Bどちらの赤ちゃんも24時間に摂取した母乳の量は同じです。

つまり、夜に起きるたびに授乳して寝かしつけることをしなくても、必要なカロリーは昼間の授乳で十分まかなわれること、また、授乳で睡眠をさまたげないほうが、赤ちゃんは朝までぐっすり寝ることを早く覚えることが明らかになったのです。

本当におなかがすいていそうなときや、体重がなかなか増えない赤ちゃんは、授乳をひかえる必要はありません。寝かしつける手段として授乳している場合にかぎって、別の方法で寝かしつけるようにしましょう。

赤ちゃんに「朝まで寝る」という大事なことを教えることができて、疲れたときは授乳してもらうものなのだと、あやまって学んでしまう心配もなくなります。

生後5か月の赤ちゃんの1日の睡眠スケジュール

3人の子どもたちに変化が起きたか、様子を見てみましょう。

ミア

午前中、午後、夕食の前に必ず1回短めの昼寝をするようになりました。また朝に目が覚めたあとと夕方に3時間起きていられるようになり、夜は20時に寝るようになりました。

ジャック

日中何度も短めの昼寝をします。まだ長く起きていることはありません。これは昼寝の時間が短い赤ちゃんの特徴です。

アイザック

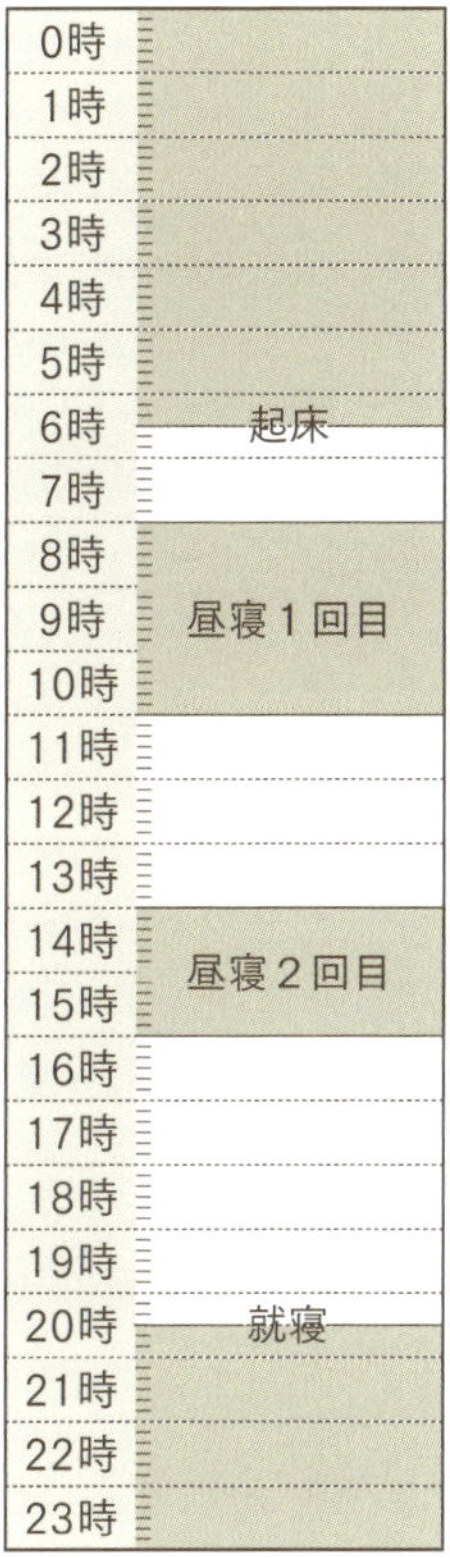

日中2回、昼寝を長めにするようになりました。日中起きている時間はほぼ90分の倍数の時間で、夕方は4時間半起きていました。

起きている時間がのびて ひとりで自然に眠れるようになります

おやすみレッスンのポイント

- 1日に13〜14時間の睡眠が必要です
- 朝や夕方、長く起きていられるようになります
- 昼寝の時間も長くなります
- ひとりで自然に眠れるように教えるのにベストな時期です

生後1年目の後半になると、赤ちゃんの脳は新たなレベルまで発達します。寝かしつけなくても自然に眠るようになったり、朝までぐっすり眠ったり、日中長く起きていられることができるようになって、1日のスケジュールがよりつかみ

やすくなります。ただし、赤ちゃんは生後6か月を迎えても、平均して13～14時間と、まだまだたくさん眠る必要があることは忘れないようにしましょう。

また、生後6か月になると、起きている時間がさらに長くなり、午前中と午後の昼寝の時間がのびます。個人差があり、7か月～9か月になってからの場合もありますが、朝起きたあとや夕方など、3～4時間半起きていられるでしょう。

赤ちゃんの起きている時間がのびて、自然に眠ることを覚えだすので、いくつか変えることがでてきますが、赤ちゃんがよく休めていれば、調整はスムーズにできます。

まだ短い昼寝を何度もしていたり、夜中によく目を覚ましたりしていても、気にすることはありません。赤ちゃんはもう十分成長して大きくなっているので、よく眠るための新しいスキルを身につけることができるでしょう。

生後6か月〜8か月

寝かしつけなくても眠るようになるとうれしいメリットがいっぱいです

この時期は、寝かしつけをしなくてもひとりで自然に眠れるように教えるのに絶好のタイミングです。赤ちゃんの脳はそれをマスターする準備が整っているうえ、決まった睡眠習慣に強くこだわらないからです。この時期を逃しても教えられますが、成長するにつれて今よりむずかしくなることを覚えておきましょう。

ひとりで自然に眠れるようになると、「夜どおし眠れるようになる」「昼寝の時間が長くなる」「自分のことは自分でできる子に育つ」「大人にとって赤ちゃんを寝かせるのが楽しい習慣になる」といったメリットが赤ちゃんにも大人にもたくさんあります。

抱っこや授乳をするとすぐに寝てくれる赤ちゃんなら、急ぐ必要はないと思うかもしれません。

しかし、この時期を逃すと、幼児になっても寝かしつけをしないと眠らない子になってしまうことがあります。

NAPSメソッドをつかっていれば、数分抵抗しただけでマスターすることも少なくありません。泣かずに眠れるようになる赤ちゃんもいます。

まずは、ベストな夜から教えはじめ、できるようになったら昼寝でも教えましょう。最初はうまくいかなくても大丈夫です。

夜、ひとりで自然に寝つくことができて、夜中に目が覚めても授乳の必要がない赤ちゃんは、たいてい夜どおし眠りつづけられるようになります。

また、良質な睡眠のメリットを最大限にいかせるだけでなく、子どもに「自分でできる」という自信も与えます。

１回の昼寝の時間も長くなっていくでしょう。

眠る前のルーティンをつくって準備をしましょう

赤ちゃんがひとりで自然に眠れるように教える際は、次の準備をしてから行うと、成功しやすくなります。

準備① 眠る前のルーティンをつくりましょう

子守歌を歌ったり、本を読みきかせるなど、決まった流れで気持ちが落ち着くことを行いましょう。毎晩、眠る前に無理なくつづけられることがポイントです。

また、ルーティンがはじまると眠る時間だとわかるようにしましょう。

ルーティンのおわりには必ず赤ちゃんのそばにいるようにして、覚醒周期がおわるタイミングで寝かせます。寝かせた途端に泣かれるのを気にして、ルーティンの時間を長びかせないように。必ず覚醒周期がおわる時間を意識しておきましょう。

授乳やそのほかの寝かしつけが必要な場合は、そのままつづけてもよいでしょう。

準備② NAPSメソッドで睡眠を整え、赤ちゃんをたっぷり休ませましょう

赤ちゃんが疲れていて睡眠不足だと、ひとりで自然に眠ることを教えるのは大変です。疲れていれば抵抗せずにすぐ眠ると思われがちですが、現実は違います。

まだNAPSメソッドをつかっていないなら、赤ちゃんが疲れていることもあるので、まずはNAPSメソッドで赤ちゃんが必要なだけ眠れるようにしてあげます。昼寝のときでもドライブしたり、スリングや抱っこひもに入れて抱っこしたり、ベビーラックでゆらさないと眠らないのなら、今はつづけてもよいでしょう。

赤ちゃんがもっと眠れるようになり、昼寝のタイミングがだいたいつかめてきたら、ひとりで眠れるように教えはじめましょう。

まずは夜に眠るように整えましょう

よく眠るといわれている赤ちゃんも、ひと晩に何回か目を覚ますことがわかりましたね。目を覚ますのは、だいたいレム睡眠がおわるときです。

赤ちゃんをよく眠れるようにするというのは、夜中に目が覚めないようにするということでもあります。


想像してみてください。抱っこで寝かしつけてもらったあと、赤ちゃんが夜中に目を覚ますと、大人の腕ではなく布団のなかにいたときのことを。

自分のおかれている環境が変わったことにびっくりして、すっかり目が覚めても無理がありません。こうなると、あやしてもらわなければ、再び眠ることができないでしょう。

だからこそ、ひとりで自然に眠れるようになる必要があるのです。寝るときは布団で眠るものだと覚えたら、夜中に目が覚めてもそれほどびっくりせずにすむのですから。

はじめは夜中に赤ちゃんが目を覚ましたら、ゆらしたり、添い寝をしたり、いつもどおりの方法で寝かしつけましょう。

まだ夜中に授乳をしているなら、赤ちゃんが目を覚ますきっかけになりがちなので、授乳の時間を短くしたり、ミルクの量を減らしたり、数日かけて授乳の回数を減らしていきます。そして授乳とは別の寝かしつけかたで、赤ちゃんが再び眠ることができるようにしてあげます。

夜、眠る時間にひとりで自然に眠ることができて、夜中に目が覚めても授乳以外の方法で寝かしつけられている赤ちゃんは、たいてい夜どおし眠りつづけられるようになるでしょう。

ひとりで自然に眠るようにするテクニックは2種類あります

赤ちゃんが自然に眠るように教える方法はふたつあります。「コントロールド・クライング」と「フェーディング」と呼ばれるものです。これらのうち、赤ちゃんの性格にあうほうを用いて、まずは夜からはじめてみましょう。

数日か数週間で、夜中に目覚めることが減り、昼寝も自然に改善されていきます。来客や外泊など、いつものルーティンが行えそうにないときや、離乳期や親の復職、引っ越し、次の子が生まれるときなど、赤ちゃんの生活に変化があるときは、落ち着いてからはじめましょう。

コントロールド・クライング

赤ちゃんの様子を見ながら、赤ちゃんを泣かせたままにしておく方法で、時間がさほどかからず自然に眠れるように教えることができます。次のように行います。

夜　眠る前のルーティンを行い、覚醒周期がおわるまでに眠る準備を整えます。

▶

いつもと同じように寝かしつけ、赤ちゃんがうとうとしはじめたら、完全に眠る前に布団に寝かせ、部屋をでます。

▶

ここからが正念場です。

赤ちゃんは、いつもの習慣と違うことに抗議して泣きはじめるでしょう。それでもすぐに赤ちゃんのところへかけつけないでください。

▶

5分ほど待ち、泣きやみそうにない場合は部屋へ戻り、赤ちゃんの体をやさしくトントンして安心させてあげます。このとき、抱きあげないようにします。

▼

また部屋をでます。1分以上、赤ちゃんと一緒にいないようにしましょう。

▼

5分たったら部屋に戻り、赤ちゃんの様子をチェックします。

▼

「様子を見にいくたびに赤ちゃんを刺激している」「落ち着いて眠る準備ができてきた」と感じるまでつづけ、だんだんと部屋の外で待機する時間を長くしていきます。普段からNAPSメソッドをつかっていれば、赤ちゃんが泣く時間をおそらく15分くらいにとどめることができるでしょう。

コントロールド・クライングのよいところは、早くに結果がでることです。

初日の夜も大変ですが、2日目は赤ちゃんが前日よりも長く泣いて、大人の出かたをうかがったりするので、さらに骨が折れる場合もあります。しかし、うまくいけば3日ほどでひとりで自然に眠るようになります。

赤ちゃんが15分以上泣く場合は、すぐにやめて抱いてあげましょう。赤ちゃんにはまだ早すぎるのかもしれません。数週間後くらいにまた試してみましょう。

また、赤ちゃんが15分以上起きて泣きつづけると、次の覚醒周期に入ってしまい、それから90分たつまで眠れなくなって引きつづき教えられなくなります。

気性が激しかったり、とても社交的な赤ちゃんは、ひとりにされるのが苦手なので、この方法に向いていません。次の「フェーディング」を試してみましょう。

フェーディング

フェーディングは少しずつ段階を追ってトレーニングを進めていく方法です。眠るあいだつきそっている状態からはじめ、数日かけてだんだんと赤ちゃんがひとりで自然に眠れるようにしていきます。

夜　眠る前のルーティンを行います。

▼

覚醒周期のおわりに、背中をトントンしたり、子守歌を歌ったりしながらいつもどおり寝かしつけをはじめますが、赤ちゃんが眠る前にやめて、一緒にいます。

▼

赤ちゃんは抗議して泣いたりするでしょうが、なにもせず見まもります。

▼

赤ちゃんが眠るようになるまで、数日、同じようにつづけます。

▼

赤ちゃんが抱っこではなく布団で眠ることになれてきたら、赤ちゃんのそばにすわり、さわらないようにし、子守歌も歌わないようにします。

▼

これを数日繰り返し、今度はドアのそばにいるようにします。赤ちゃんには大人が見えていて気にせずに眠るようになります。そしていつしか赤ちゃんはひとりで自然に眠るようになるでしょう。

この方法は、コントロールド・クライングよりもずっととり組みやすく、赤ちゃんが泣くことも少ないので気が楽だと感じるかもしれません。

しかし問題は日数です。数日から数週間かかるため、大人が疲れてしまうこともあります。また、トレーニングの期間中に赤ちゃんが体調を崩したり、用事が入って中断され、やりなおさねばならないこともあるでしょう。

夜にひとりで自然に眠るようになったら、昼寝でも教えましょう。

やりかたは基本的に同じで、まずはかんたんなルーティンをつくります。本の読みきかせでも、子守歌を歌うことでもよく、ポイントはできるだけ短くすること。そしてルーティン後に、コントロールド・クライングかフェーディングを行います。

泣く場合は、やはり15分以上泣かせないようにしましょう。15分をすぎると、新しい覚醒周期がはじまるタイミングと重なってしまいます。

生後6か月〜8か月

自然に眠るようになるテクニックで昼寝の時間をのばしましょう

NAPSメソッドをつかっているのに、昼寝が短くて回数が多い場合にも、ひとりで自然に眠るようになるテクニックは役立ちます。昼寝の時間をのばせるのです。

まずは夜、次に昼と、順番にひとりで自然に眠るようにします。1〜2週間、しっかり身につくまで様子を見て、目覚めてもストレスを感じていないようなら、長時間眠る方法を教えましょう。

昼寝から赤ちゃんが目覚めたら、自分で再び眠りにつけるか15分ほど待ちます。再度眠ることができれば成功で、目覚めているようなら、新しい覚醒周期がはじまったと考えて、75分後（起きてから90分後）に寝かせます。

これを繰り返していくうちに長い時間昼寝ができるようになるでしょう。

生後7か月の赤ちゃんの1日の睡眠スケジュール

３人の子どもたちは、長く起きていられる時間が増えています。これはあくまでも例なので、あなたの赤ちゃんをあわせる必要はありません。自然にスケジュールができあがるようにしてあげましょう。

ミア

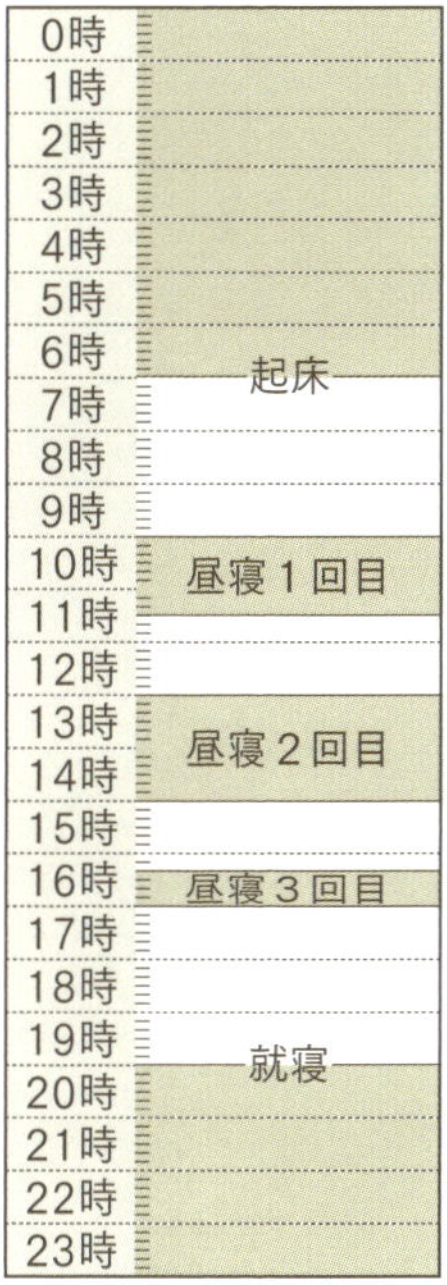

５か月のころと同じです。まだ昼寝の間隔がのびておらず、夕方の昼寝もつづいています。しかし無理に昼寝のあいだをあけたり、夕方の昼寝をやめさせたりしないほうがよいでしょう。

ジャック

５か月ごろは１日に５回短い昼寝をしましたが、ひとりで自然に眠るようにして、長い時間昼寝ができるように手伝うと、１日に昼寝は２回だけに。長く起きていられる時間は３回（朝、２回の昼寝のあいだ、就寝前）でした。

アイザック

５か月のころ、１日に２回だけ長い昼寝をしていて、夕方に昼寝をしていませんでした。７か月でも似たパターンがつづいていますが、午前中に起きている時間が長くなり、１回目の昼寝が短くなりました。

起きている時間が長くなりますが午前中の昼寝は必要です

おやすみレッスンのポイント

- ひきつづき1日に13〜14時間の睡眠が必要です
- 起きている時間が長くなり、夕方に昼寝しなくなる子もいます
- 短くても午前中の昼寝は必要です
- 夜中に起きるようになったら、また自然に眠るように教えましょう

NAPSメソッドで赤ちゃんがよく眠るようになり、子育てのコツがわかりはじめると、赤ちゃんがますますかわいくてたまらなくなります。1年目がおわるころには、昼寝や夜の睡眠時間が一定になって起きていられる時間が長くなり、忘れて

しまいそうになりますが、赤ちゃんはまだ1日に13～14時間眠る必要があります。

夕方に昼寝をしたり、日中起きている時間が短かったりする赤ちゃんも、まもなく夕方に眠らなくなり、起きていられる時間が長くなるでしょう。

朝に起きている時間も長くなりますが、午前中の昼寝をやめさせるのは禁物です。赤ちゃんは**生後8か月～12か月になるまでは午前中の昼寝が必要なのです。**


また、「はいはい」「おすわり」「たっち」、さらには「あんよ」や「おしゃべり」などができるようになり、新しいスキルを身につけたときなど、一時的に夜中に何度も起きて、新しく身につけたスキルを練習したり、ベッドの柵につかまって立ちあがったりするでしょう。これは赤ちゃんの生まれながらにもっている性質なので、大変な思いをすることがあるかもしれませんが、あわてる必要はありません。

赤ちゃんが夜中に起きたら、なるべく刺激しないようにしましょう。

新しいスキルを披露しても、あまり注目してはいけません。しばらくすると飽きてきて、またもとの睡眠をとり戻すでしょう。

夜中に目を覚ますようになったらもう一度自然に眠るように教えます

これから何年かは、まだまだ夜中に目を覚ますことがあります。その理由は、歯が生えてきたといった発達に関連することもありますし、悪い夢や体調不良、旅行など、さまざまに考えられます。夜に目を覚ます習慣ができたように感じたら、再びひとりで自然に眠るように教えましょう。

少し大きくならないとひとりで自然に眠れない赤ちゃんもいるため、赤ちゃんの様子をよく見て、なかなかうまくいかなくても落ちこまないように。赤ちゃんがよい睡眠習慣を身につけるのに遅すぎることはありません。NAPSメソッドをつかいながらつづけましょう。

生後10か月の赤ちゃんの1日の睡眠スケジュール

3人の赤ちゃんは、睡眠のリズムが自然に整ってきているようです。

ミア

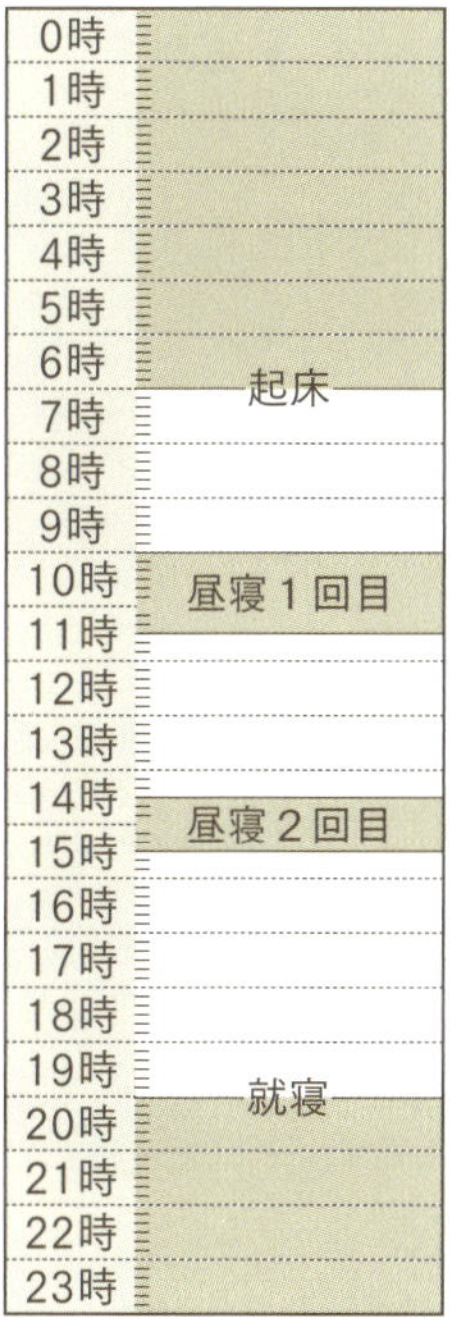

10か月になると夕方に昼寝をしなくなり、午前と午後の昼寝のあいだに3時間起きていられるようになりました。なかにはもっと早く夕方の昼寝をしなくなる赤ちゃんもいます。

ジャック

７か月のころとよく似ていますが、午後の昼寝の時間が変わりました。数か月前よりも早い時間に眠くなるようにもなっています。こういう発達のしかたは珍しいことですが、まったく問題ありません。

アイザック

今も７か月のころと同じです。朝長く起きていて、それぞれの昼寝のあいだは3時間起きています。

これまでより活動的になりますが午後は昼寝をさせましょう

おやすみレッスンのポイント

- 1日に13時間の睡眠が必要です
- 90分周期の影響が弱くなってきます
- 午前中の昼寝がなくなりますが、午後の昼寝は必要です

1歳をすぎると、90分周期が眠りのサインにおよぼす影響が薄くなります。とはいえ、赤ちゃんが1歳の誕生日を迎えたその日に変わるわけではありません。

90分周期と眠りのサインがはっきり連動しなくなっても、赤ちゃんをよく観察しましょう。1歳の誕生日を数か月すぎても90分周期の影響がつづく子もいますし、ごくまれですが2〜3歳になっても3時間単位（90分周期が2回分）の覚醒周期が見られることもあります。

しかしほとんどの場合、1歳の誕生日をすぎると、90分周期ではなく、生活している時間にあわせたスケジュールで眠るようになってきます。

ひきつづき90分周期が見られる場合でも、少しずつひとりで自然に眠れるようになってきますから、眠そうにしていたらなるべく寝かせてあげましょう。このころはまだ、13時間の睡眠が必要です。

睡眠の90分周期は突然ぴたっとなくなるものではありません。

90分周期がなくなったように見える子も、体調を崩したり、ストレスを感じたりすると、90分周期が戻ってくることがあります。

NAPSメソッドのメリットは1歳をすぎてもつづきます

赤ちゃんが成長しても、睡眠が大切な生理的欲求であることに変わりはありません。睡眠はなによりも大事なのです。

1歳になるまでにNAPSメソッドをつかいはじめたなら、つかいはじめたのが生後10か月や11か月だったとしても、よい睡眠習慣を身につける手助けになっていることでしょう。

赤ちゃんはよく休んだあとの気持ちよさも理解しています。疲れたら、自分でなんとか眠れるようにしようとしますし、おしゃべりができるようになっていたら自分のベッドを指さして「ねんね」というかもしれません。

一方で、大きくなってくると、眠る時間や昼寝のルールを変えられないか試してみたりします。つまり、寝る時間なのに寝なかったり、ぐずったりするのです。そんな場合もあわてる必要はありません。これは、赤ちゃんが成長するうえで起こる、ごく普通のことです。

大人はひきつづき赤ちゃんが十分に昼寝をして、夜もぐっすり眠れるように注意しながら、環境を整えてあげましょう。

このよい睡眠の習慣は、赤ちゃんが大きくなってもずっとつづきます。眠くなったら寝て、眠さに応じて必要なだけ眠りつづけられるようになるのです。

幼児期には、子どもが眠る前に激しく抵抗して親子の戦いに発展することがありますが、眠気を感じたときにどうしたらよいかわかっている子は、それほど抵抗することなく、本当に眠くなったら眠るでしょう。

午後の昼寝はこれから数年のあいだ必要なものです

1歳から1歳半までのあいだに、午前中の昼寝はなくなります。そして、午後の昼寝が2回では多すぎるけれど、1回では足りないというような日が、数日から数週間つづきます。

このあいだ子どもは、時間をかけて新しい変化を受け入れようと努力しているため、何日か機嫌が悪くなったり、夜中に起きたりするかもしれません。大変なこともあると思いますが、これまでと同じように手助けしてあげましょう。

午後の昼寝は、これからも数年つづきます。そして必要なものです。昼寝の時間も起きていられる幼児もいますが、昼寝をしないと、自分で衝動や怒りが抑えられなくなり、不器用でわがままになったり、集中力がなく、すぐ泣くようになったりします。実は、これらは眠りのサインです。昼寝の時間に無理して起きていられるようになっても、昼寝が不要になったわけではありません。昼寝の習慣をやめないように気をつけましょう。

用事があるときは、昼寝への影響もよく考えましょう。

1回昼寝をしなかっただけで24時間以上にわたって体内時計が乱れ、その日だけでなく、夜の睡眠や翌日の昼寝にまで影響をおよぼします。昼寝をしないと、予想以上にいろいろな悪影響がでてくることを覚えておきましょう。

一方、2歳半から3歳で午後の昼寝をしなくなる子もいます。このタイプの子どもは、夜に長く眠るようになります。

1日の睡眠時間の合計は同じで、毎日のスケジュールが一定なら、昼間に寝ていた分、夜に寝るようになるのは健康的なことなので問題ありません。

新しいスケジュールにあわせて、夜にたっぷり眠る時間を与えてあげるようにしましょう。

1歳半の赤ちゃんの1日の睡眠スケジュール

これまで見てきた3人の赤ちゃんは1歳半になるころ、どんなスケジュールですごすようになっているでしょうか。

ミア

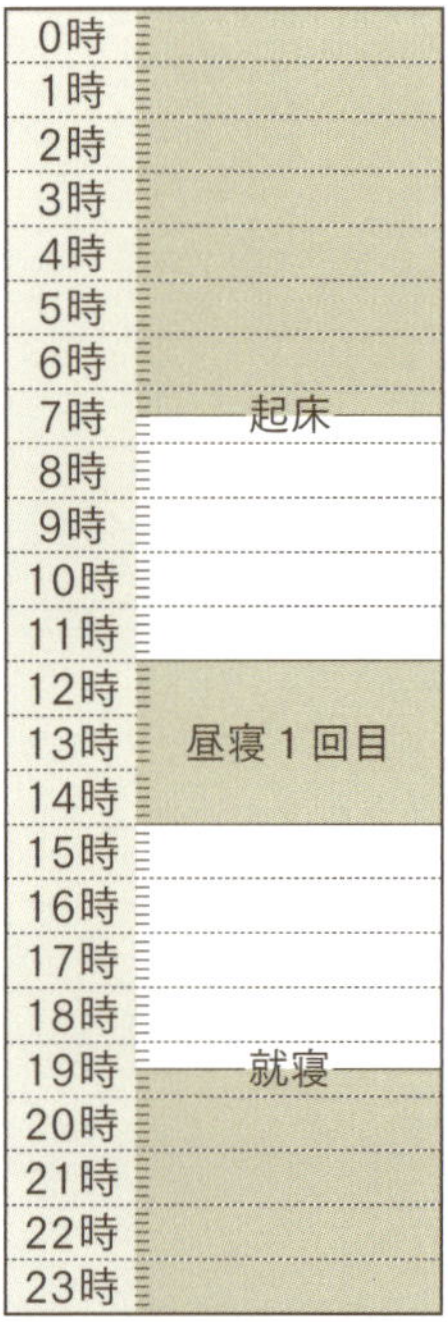

3人のなかで最初に朝の昼寝をやめたようです。そのため、午後の昼寝は何時間か早まっています。起きている時間も90分単位ではなくなっています。

ジャック

まだ1日2回昼寝をしていますが、時間は短くなりました。起きている時間は90分単位ではありません。時計にあわせたスケジュールに変えたのが、ジャックのリズムにあっていたようです。夜に眠る時間は10か月のころより遅くなって、19時になりました。

アイザック

何か月も同じスケジュールをつづけていますが、このスケジュールですくすく元気に育っているので、問題ありません。

第4章

NAPSメソッドのうれしい影響

赤ちゃんがぐっすり眠るようになる
NAPS《ナップス》メソッドには
ほかにもさまざまなメリットがあります。
赤ちゃんと家族をハッピーにする
どんなよいことが期待できるのか
見ていきましょう。

寝かしつけなくてもひとりで自然に眠るようになります

おやすみレッスンのポイント

- 寝かしつけなくてもひとりで自然に眠ってくれます
- 眠いときは自分から教えてくれるようになります
- 赤ちゃんは十分に休めているのでぐずったり泣いたりせず情緒が安定します

子どもが自分で眠るようになるまで、来る日も来る日も泣きながら抵抗されたという苦労話を聞いたことがあるでしょう。

しかし、体内時計にしたがって90分周期で眠り、たっぷり休めている赤ちゃんは、やがて寝かしつけなくても、ひとりで自然に眠るようになります。

子どもはよちよち歩きをするようになると、なかなか布団に入りたがらなくなることは事実ですが、NAPSメソッドをつかえば、寝かしつけるのに苦労しなくなるでしょう。

自分のリズムにあわせられる赤ちゃんは、眠くなったことをちゃんと自覚できるように育つからです。疲れたら、自分から眠たいというようにもなるでしょう。

大人にとっても、NAPSメソッドをつかうとよいことがあります。

赤ちゃんがよく眠るので大人もよく眠れるほか、赤ちゃんがいつ疲れるのか予想できるので、手探りでやっていたことが減って自信がつきます。

また、よく休めている赤ちゃんは、穏やかで集中力があり、情緒が安定しているため、赤ちゃんとの時間をもっと楽しめるようになります。

赤ちゃんが医学的に必要な睡眠をとることができます

おやすみレッスンのポイント

- 現代では赤ちゃんが睡眠不足になりがちです
- NAPSメソッドの効果をより発揮させるために赤ちゃんの睡眠を最優先しましょう

近年、睡眠不足の子どもや睡眠障害の子どもが増えています。

アメリカ国立睡眠財団の小児科特別委員会は、新生児の段階をすぎた赤ちゃんは最低でも24時間中13〜15時間眠る必要があるといっていますが、２００５年、睡眠財団の委託により、４歳未満の子どもたちの睡眠習慣と行動について全国的な調査が行われた結果、アメリカの赤ちゃんの約半数は１日に12時間以下しか眠っていないことがわかりました。

これは深刻な問題です。１日12時間しか眠っていない生後６か月の赤ちゃんは、人生最初の１年間で合計数百時間も睡眠が足りなくなるからです。

さらにこの調査から、睡眠不足の赤ちゃんたちの家族は、赤ちゃんがもっと寝てくれればよいのにと思っている一方で、子どもが実際に睡眠を「必要としている」ことには気づいていないということも明らかになっています。

わたしたちひとりひとりは赤ちゃんが眠るのはよいことだと思っているのに、なぜこんな状況が生まれているのでしょう。

大人は、赤ちゃんには必要とされる以上のものを与えたいと思い、赤ちゃんが生まれる前から、授乳や子どもの安全対策、心肺蘇生、離乳食などの講座に出席したり、本を読んだりして、子育てという新しい仕事にとり組む準備をします。

しかし、赤ちゃんの眠りについて学ぶ機会はほとんどありません。

現代社会では、睡眠はなにもしなくても自然にとれる、または少なくとも赤ちゃんがよく眠れるようにしたり、睡眠障害を予防したりするために大人が手伝えることはほとんどないと考えられています。

あるママは、朝、9か月の赤ちゃんと公園で遊んで、昼寝のために帰ろうとしたとき、顔見知りのママに「うちの子は、もう午前中はお昼寝をしないの。頭がよくて好奇心が強いから、昼間から寝たりしないのよ」と誇らしげにいわれたそうです。

ここには、睡眠を気にするのは文化的教養がない、時代にあわないというメッセージが秘められています。眠りをなおざりにする文化を象徴してもいます。赤ちゃんが十分な睡眠をとれるように心がけている大人でも、子どもは寝てばかりではいけないという社会的なプレッシャーを感じている場合があるかもしれません。

赤ちゃんが自然に、たっぷり眠れるように手助けをするのは大切なことです。

そして、よりNAPSメソッドの効果を発揮させるには、子どもの睡眠を最優先する必要があると覚えておきましょう。

わたしたちに必要な睡眠時間

下の表を見ると、赤ちゃんがどれだけ多くの睡眠を必要としているかがわかるでしょう。わたしたちの睡眠時間と比較すると、より顕著になります。

表の数字は、1966年の研究から抜粋したもので、現在、アメリカ国立睡眠財団がすすめている時間と少し違いますが、わたしは、赤ちゃんが生物学的に必要とする実際の睡眠量に近いと考えています。

というのも、この表が、昼寝でも夜の睡眠でも、子どもが必要に応じて好きなときに好きなだけ眠ることが文化的に受け入れられていた1960年代半ばに、赤ちゃんを直接観察して得たものだからです。

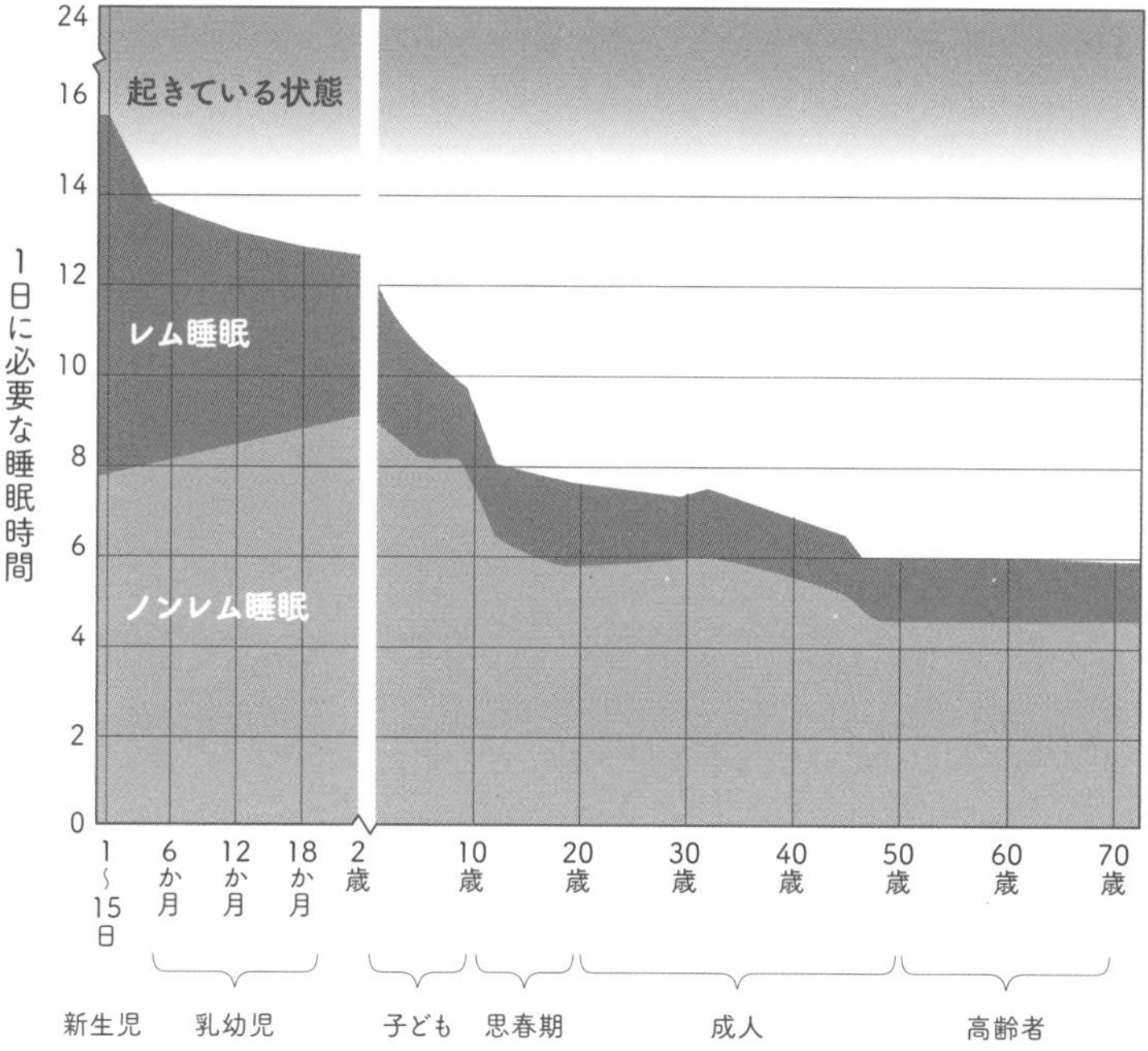

出典：Roffwarg, H.P., J.N. Muzio, W.C. Dement: Ontogenetic development of the human sleep-dream cycle. Science (1966); 152:604–619

成長してからも睡眠障害に悩まされません

おやすみレッスンのポイント

- 赤ちゃんは眠る方法を学習する必要があります
- よく眠れた感覚を学べばぐっすり眠るようになります
- 良質な睡眠がとれる赤ちゃんは大きくなっても睡眠障害に悩まされません

大人は、睡眠不足でも長時間眠れば、不足を補うことができます。これは「回復睡眠」と呼ばれ、周波数の低い脳波がでて脳機能を回復する徐波睡《じょはすい》眠《みん》という段階にあたるもので、とくに深い眠りを期待できます。

ところが赤ちゃんは、脳が十分に発達しておらず、睡眠をコントロールするシステムがまだできあがっていないため、こうした眠りにつくことができません。
つまり、赤ちゃんの脳は、眠る方法を学んで睡眠のシステムをつくらねばならず、大人は、赤ちゃんがよく眠れる環境をもうけてその手助けをする必要があります。

睡眠不足が長くつづくと、赤ちゃんはどうなるのでしょうか。
眠っているときと起きているときの区別があいまいになり、質の悪い浅い睡眠しかとることができなくなり、眠ってもすぐに起きてしまうようになります。さらには、これが習慣になると、就寝時間が近づくと激しく嫌がって泣くようになります。ぐっすり眠った朝、目が覚めたときに感じる気持ちよさを体験し、眠ることが心地よいことだと理解していないため、こうした行動にでてしまうのです。

これは将来の睡眠に関する重大な問題をひき起こす可能性もあります（１６９ページ）。いくつかの研究から、乳幼児のころからよく眠れていない子どもは、少年期や思春期になっても睡眠不足に悩まされつづけることがわかってきています。

感情をコントロールできて情緒が安定した子になります

おやすみレッスンのポイント

◆赤ちゃんは大人と同じく、よく眠れると感情をうまくコントロールできて情緒が安定します

◆赤ちゃんのときに十分な睡眠を得られると他人にやさしい集中力のある子どもに育ちます

よく眠った赤ちゃんほど、わけもわからずぐずったり、泣き叫んだりして、大人をパニックに陥らせることが少なくなります。

そもそも赤ちゃんは、どうして眠いとぐずったり泣いたりするのでしょう。

わたしたち大人のことに置きかえてみるとよくわかるでしょう。

ほとんどの大人は寝不足だとどうなるかを理解しています。イライラして怒りっぽくなったり、気が短くなったり、興奮しやすくなったり、ちょっとしたことで感情がたかぶったり、はたまた涙があふれたりすることもあります。また、眠気が高まるにつれて、疲れすぎて眠れないという矛盾した状態になり、なかなか心を静められなくなることもあるでしょう。

そうです、赤ちゃんも大人と同じなのです。

赤ちゃんは疲れるとすぐ泣くようになり、神経がたかぶってあやしてもどうにもならず、扱いにくくなります。大人とまったく同じ状態になっているのです。

今まで、慢性的に疲れている赤ちゃんが、「気質的」にイライラしやすい、手がかかる、依存心が強い、気むずかしいと誤解されている例をいくつも見てきました。

大人は、よく眠った状態の赤ちゃんと比べないかぎり、これに気づきません。赤ちゃんをよく眠らせて十分な睡眠をとらせてあげるだけで、ぐずることがなくなり、今よりもっと元気で愛らしく、一緒にいるのが楽しくなるというのに。

カナダで約500人のママを対象に行われた気力に関する研究では、めったに機嫌のよいときがなく、睡眠も授乳も不規則な赤ちゃんのママは、気力に欠けることが明らかになりました。

つまり、赤ちゃんがいつ眠くなるか予想できる大人のほうが、ストレスが少なく、赤ちゃんとの時間を充実させるためのエネルギーをたくさんもっているのです。

赤ちゃんは困った行動をするものだと思い込み、がまんすることになれてしまってはいないでしょうか。

睡眠をきちんと管理すれば、ぐずる赤ちゃんをなだめようと、長時間にわたって同じ対策をつづけることなく、状況をかんたんに変えることができます。

また、学習して眠ることを身につけ、しっかり休息をとっている赤ちゃんほど、成長してもよく寝るため、感情をうまくコントロールできることがわかっています。

たっぷり寝ている子どものほうが、衝動的にならず、仮にそうなっても感情を抑えるのがじょうずなのです。

感情をうまくコントロールできるということは、ものごとに集中できるだけでなく、ほかの人の気持ちがよくわかり、自分の行動がどのような結果をひき起こすかを理解できて、自分で自分を落ち着かせられるということでもあります。

落ち着きがなかったり、すぐ感情的になったりする子どもは、決して生まれつきの気質ではなく、ずっと睡眠が足りず、疲れがたまっている状態にあることが多いと覚えておきましょう。

赤ちゃんのうちからよく眠るようにしてあげるだけで、情緒の安定した、落ち着いた子どもに成長するのです。

よい睡眠が赤ちゃんの脳をより活性化させます

おやすみレッスンのポイント

- 睡眠が赤ちゃんの脳をもっとも活性化させます
- 知育によるさまざまな刺激が原因で多くの赤ちゃんがよい睡眠をとれなくなっています
- 知育だけでなく睡眠の環境も整えましょう

一般的にわたしたちは、睡眠よりも活動のほうが大切だと思い込んでいます。たとえその人が何歳であっても、活動こそが、さらには活動だけが、人間を賢くし、生産性を高め、人生を謳歌《おうか》できるようにするというのです。

また近年は、赤ちゃんの成長中の脳が正常に発達するには、つねに刺激を与えなければならないといわれてきました。実はそれらが原因で、赤ちゃんがよい睡眠を確保できなくなっているとは、まったく想像もしていないことでしょう。

赤ちゃんの脳を活性化させるのは、睡眠だというのに。

刺激が、赤ちゃんの脳の発達、つまりは認知力の発達を高めるという説は、ネズミをつかった実験において、刺激を与えられたネズミの脳の神経細胞がより複雑に結合することがわかったことから広まりました。

確かに脳を成長させつづけるには、挑戦や変化（刺激）が必要ですが、この発見を過大評価するべきではありません。

思い込みを捨てましょう。赤ちゃんにカラフルで安全なおもちゃを与えたり、抱っこしたり、一緒に遊んだり、話しかけたり、歌ったりして刺激を与えることはとても大切です。しかし、赤ちゃんの大事な睡眠時間が削られないようにしなければならないのです。

睡眠によって脳が効率よくはたらき健康をたもつことができます

おやすみレッスンのポイント

- 睡眠中に生命機能が調整され脳は経験したできごとを整理します
- 睡眠不足は生活習慣病をひき起こすリスクがあります

よい睡眠は、脳を活性化させる（166ページ）だけでなく、脳がもっとも効率よく活動するようにはたらきかけることがわかっています。

睡眠不足の脳は書類が山積みの散らかった机のようなもの。今にも崩れそうな状態です。これでは一番大事な情報がどこにあるのかなかなか思いだせないだけでなく、情報が見つかってもタイミングよく活用できません。

脳は寝ているときに、起きているあいだのできごとをコード化し、整理して定着させます。１日分の情報が正しい場所に分類され、効率的に検索したり、利用できるようになるのです。わたしたち大人は、その状態になったときを、よく眠ったあとに頭がさえてすっきりする感覚でとらえています。

まだわたしたちが眠る理由を正確に説明できる人はいませんが、いくつかの生命機能が睡眠中に調整されることは明らかになっています。

アメリカ医学研究所は、成人が睡眠不足になると、高血圧や糖尿病、肥満、うつ病、心臓発作、脳卒中のリスクが増えることを、シカゴ大学は、健康な若い男性でも、11日間睡眠が減っただけで糖尿病前症が見られたり、ヒト成長ホルモンの分ぴつレベルが低下することを証明しました。

学んだことの習熟度を高めたり定着させたりしてくれます

おやすみレッスンのポイント

◆学習には刺激だけでなく、刺激を受けたあとの睡眠が大切です

◆睡眠によって学習から得たものが習熟し知識や技術として定着します

脳は、睡眠中に効率的にはたらき、情報を整理することをお話ししました（168ページ）が、学ぶことで得た新しい刺激を、知識や技術として定着させて自分のものにするにも、睡眠が重要であることがわかっています。

この研究をしたのは、ハーバード大学のロバート・スティックゴールド博士とマシュー・ウォーカー博士のふたりの研究者です。

博士たちは２００２年、右利きの学生に左手でキーボードをつかって複雑な数字を入力してもらい、入力時間を計るという実験を行いました。

まずは、入力の練習を行うことが、入力時間にどう影響するのかを調べたところ、練習をしたあとの入力速度は、練習を行わない場合より、約60％も速くなることがわかりました。

そこで、練習を重ねるとスピードはどんどんあがっていくのか、同じ日に時間をおいて測定してみたところ、速度は変わらないまま、まったく上昇しませんでした。

しかし、練習を重ねたあと、家に帰ってひと晩ぐっすり眠り、翌朝また測定すると、入力速度は20％も上昇しました。再び測定を行うまで、練習をまったく行わなかったというのに。

ふたりの博士は、学習のあとの睡眠がいかに大切かを実証したのです。

赤ちゃんの脳の発達には刺激だけでなく睡眠が欠かせません

おやすみレッスンのポイント

- 睡眠が赤ちゃんの集中力と学習意欲を高めます
- 人生のなかでもっとも学習して成長する生後1年目にこそ、たくさんの睡眠が必要です
- 発達中の赤ちゃんの脳は睡眠を求めています

睡眠は、学習能力を高める手助けをするとお話ししました（170ページ）が、赤ちゃんが起きている時間を楽しみ、まわりの環境とよく触れあう手伝いもしています。つまり、まわりをよく観察しようとする意欲と集中力を高めているのです。

これは、生後1年目の赤ちゃんにとって、決定的に重要な意味をもちます。

この時期の赤ちゃんの脳はあとの人生のどの時期よりも速いスピードで日々学習し、これからの基盤づくりをしているからです。

想像してみてください。赤ちゃんは、食事で栄養をとりながら、体の動かしかたを覚え、耳にする音や目にするものがなんであるのかを理解しようと努めています。赤ちゃんは自分を成長させながら、いろいろな人々と交流して、まわりの環境をうまく活用できるようにたえず学習をつづけているのです。

この時期、大人は赤ちゃんの学習効果をあげたいと願い、愛情に満ちた、ほどよい刺激のある環境を与えようと考えます。これは当然のことですが、それだけでは足りないのです。発達中の赤ちゃんの脳は、なによりも睡眠を求めています。

脳を十分に発達させる学習意欲を高めるには、赤ちゃんができるだけたくさん眠れるようにしてあげましょう。

高度な抽象的思考も十分な睡眠によって育まれます

おやすみレッスンのポイント

◆睡眠は認識力を高め、もっとも高度な思考である抽象的思考を身につけるのに役立ちます
◆新しい体験を自分の知識と結びつけて認識できるようになります

睡眠は認識力を高め、赤ちゃんがもっとも高度な思考のひとつである抽象的思考を身につけるのにも役立つことが明らかになっています。

それは、アリゾナ大学の研究者たちがまとめた、抽象的思考の身につけかたにつ

いてのレポートで広く知られるようになりました。

研究者たちは、１歳３か月の複数の赤ちゃんを対象に、音の認識力を調べました。ある短い文章をいくつか録音し、赤ちゃんたちがこの言語の音になれるまで、何度も繰り返し聞かせます。その後、一部の赤ちゃんにはいつもの時間に昼寝をさせる一方で、そのほかの赤ちゃんには昼寝をさせずにおきます。

４時間後、先ほどの文章と新しい文章を聞かせて、どう反応するか、赤ちゃんの視線を注意深く見ながら観察しました。いずれの文章も同じ人工言語でしたが、最初と最後の単語の関係が、新しい文章のみ異なりました。


子どもたちはみな、繰り返し聞かされた文章には気づきましたが、新しい文章に気づいたのは昼寝をした子どもたちだけでした。

昼寝をした赤ちゃんは、なんども聞かされて身につけた知識を、新しいできごとを認識するのにうまく活用することができたのです。

認識力を高め、抽象的思考を育むのに、睡眠が重要な役割をはたしたのでした。

よい睡眠習慣が健康で賢い子を育みます

おやすみレッスンのポイント

- 睡眠不足の赤ちゃんは注意欠陥・多動性障害（ADHD）など重大な問題に見舞われることがあります
- よい睡眠習慣と学力は正比例します

睡眠不足は、睡眠障害など子どもの深刻な問題をひき起こす可能性があります。具体的には、注意欠陥・多動性障害（ADHD）や肥満、成長障害のほか、ひんぱんにケガをしたり、体調を崩しやすくなったりする可能性があるのです。

また、学校の成績にも大きく影響します。

２００５年にアメリカの『スリープ』誌に掲載された研究は、教師が睡眠不足の子どもを「忘れっぽい」「注意力が足りない」「新しい情報を理解するのに時間がかかる」と評価する傾向にあることを報告しています。

良質な睡眠は、子どもが大きくなればなるほど学力に影響を与えます。睡眠障害のある思春期間近の子どもは、留年する確率がほかの子どもよりも高いのです。逆によく眠っている子どもは得をします。さまざまな研究が行われていますが、いずれにおいても、よく眠っている子どもほど優秀と判断されており、認知能力テストでも高得点をマークするという事実があります。

実際、将来どの子どもが学校で優秀な成績をおさめるかは、十分な休息がとれているかどうかを知ることで予想でき、ほかのどの要素よりも正確に判断できます。親の学歴や収入、社会的立場にかかわらず、子どもがよい睡眠習慣を身につけられるようにしてあげれば、学業の面で有利になることが判明しているのです。

育児に余裕をもたらし親の気力もアップさせます

おやすみレッスンのポイント

◆赤ちゃんが眠るタイミングがわかると計画を立てたり休んだりしやすくなります
◆育児に余裕が生まれ、親としての自信をもたらし親子関係もよいものに発展させます

これまでいろいろな面から、赤ちゃんの睡眠について見てきました。睡眠の大切さを痛感したのではないでしょうか。

これまで赤ちゃんに焦点をあててきましたが、大人にとってもNAPSメソッド

が役に立つことを改めてまとめてみたいと思います。

赤ちゃんは寝るのが仕事。成長に欠かせない営みです。赤ちゃんの体や脳に必要なのは、良質で十分な睡眠なので、できるだけたくさん寝かせてあげましょう。

ぐっすり眠ることで、赤ちゃんの脳は新しく得た情報を処理し、記憶し、すでに身につけたほかの情報と組みあわせることができるようになります。

睡眠は、赤ちゃんが自分にとって新しい経験がどんな意味をもつのかを理解して、知識として定着させるのを助けるのです。

赤ちゃんにとっては、すべてがはじめてづくし、学びです。

世界全体が未知のものであふれています。

特別なことをしなくても、特別なものを与えなくても、たくさんのことを学ぶことができます。自分の手足を眺めたり、身のまわりの日用品で遊んだり、家族の声を聞いたり、夕食の香りをかいだりするだけでも、学びがあるのです。

赤ちゃんがよい子に育つために、できるだけのことをしたいのなら、NAPSメソッドを実践して、よい睡眠へと赤ちゃんを導くことからはじめましょう。

NAPSメソッドをつかえば、赤ちゃんが疲れて眠るタイミングを予測することもかんたんになります。そうすると、あわてて赤ちゃんが眠る環境を整える必要もなく、寝ているあいだにやっておきたいことを事前に計画することも、十分な休息をとることも可能になります。

そしてなによりも、手探りでこなしていた育児に余裕ができて、心身ともに気力に満ち、親としての自信がわいてくるとともに、赤ちゃんとの接しかたにもよい変化が起きます。赤ちゃんと一緒に、さまざまな「はじめて」を楽しみながら経験することができるでしょう。

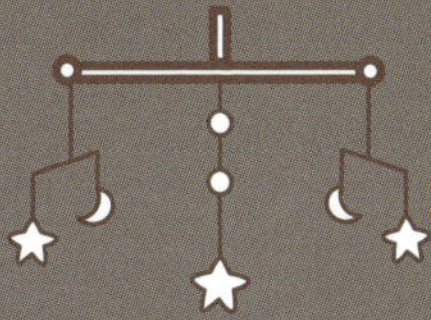

NAPSメソッド Q&A

おやすみダイアリー

NAPS《ナップス》メソッドはもちろん
寝かしつけや昼寝など赤ちゃんの
睡眠にまつわるさまざまな質問にお答えします。
赤ちゃんの睡眠や1日の様子は
ダイアリーとしてメモしましょう。
この本のダイアリーをコピーしてつかっても
ふだん利用しているアプリなどをつかってもOK!
NAPSメソッドをじょうずに活用できるだけでなく
赤ちゃんの成長記録にもなります。

Q NAPSメソッドは本当に効果的ですか？

A 健康なすべての赤ちゃんに効果が期待できます

子育て中は「すべての子どもにあてはまるルールなんてない」という言葉をよく耳にしますが、睡眠は食事と同様に基本的欲求のひとつで、無視できるものではありません。おまけにNAPSメソッドは、体内時計や眠りの周期など生物学的時間にしたがって睡眠を管理する方法のため、すべての赤ちゃんに効果が期待できます。

赤ちゃんが、睡眠を必要としていないようでも、NAPSメソッドを試してみると、睡眠不足だったことがわかるケースが少なくありません。

睡眠不足が慢性化している赤ちゃんは、特別な手助けがないと、眠ったり、起きているあいだの活動に集中できないので注意が必要です。

ただし、1年目はこの90分周期にもいくらか変動があります。だいたい生後数週間をすぎるころ、赤ちゃんの90分周期が発見しやすくなります。そして月齢が進むと、覚醒周期は2倍から3倍にのび、1日に数回、180分または270分起きていられるようになります。この変化については3章（79ページ）で詳しくお話ししています。

NAPSメソッドQ&A

Q 早産の赤ちゃんにもNAPSメソッドは試せますか？

A かかりつけの先生に相談し まずはできるだけたくさん寝かせましょう

個人差があるため、はじめに必ず医師に相談し、アドバイスや指示をもらうようにしましょう。

一般的に早産の赤ちゃんは、起きていられる時間が90分より短く、授乳がおわると数分で眠ってしまう場合が少なくありません。ママのおなかのなかでそうしていたように、脳の発達の仕上げをしなければならないため、たくさん眠る必要があるのです。

決まった時間に授乳しなければならない場合は、寝ている途中で起こしましょう。赤ちゃんから眠りのサインがでたら、まずはNAPSメソッドにこだわらず、できるだけたくさん寝かせてあげましょう。90分の周期は出産予定日を数週間すぎたころに見られるようになるでしょう。

Q 病気のときはどうすればよいですか？

A 90分周期にこだわらず 眠りたいだけ寝かせます

体調を崩すと、赤ちゃんの眠りのサインが目立つようになります。起きていられる時間がいつもより短くなったり、普段は日中長く起きていられる赤ちゃんでも90分しか起きていられなくなったりします。

そんなときは時計は気にせず、なにより赤ちゃんのだす眠りのサインに気をつけて、眠りたいだけ寝かせてあげましょう。体調が回復して何日かすれば、いつもの睡眠パターンに戻ります。

Q 小さな音に敏感で目覚めてしまうのですがどうすればよいですか?

A まずは睡眠が足りているかチェックしましょう

びっくりするほどうるさくて明るいところでも眠る赤ちゃんがいる一方で、電灯のスイッチを押すときのような小さな音でも起きてしまう赤ちゃんがいますが、たいてい敏感なのではなく、睡眠不足が原因です。疲れていると、すぐにぐっすり眠ることができず、小さな音に反応して起きてしまうのです。

NAPSメソッドで睡眠をうまく管理し、状況が改善されるか試してみましょう。よい睡眠習慣が身につくにつれ、環境に左右されなくなっていきます。

まったく変化がない場合は、デリケートな気質の赤ちゃんである可能性があり、暗くて静かな部屋が必要なのかもしれません。できる範囲で、赤ちゃんのニーズにこたえてあげましょう。

Q 夜、寝る前に急に活発になったらどうすればよいですか?

A 眠る前のルーティンを早めに行いましょう

眠る時間が近づいているのに、赤ちゃんが元気いっぱいになったら、眠るチャンスを逃さないように眠る前のルーティン（130ページ）を早めに行いましょう。そうすれば、90分の覚醒周期がおわるまでに赤ちゃんを寝かしつけることができて、赤ちゃんも機嫌よく眠りにつくはずです。朝もゆっくり寝ていてくれることでしょう。

Q どうすれば布団に移した途端起きないようにできますか？

A 寝具をあたため体が冷えないようにしましょう

幼い赤ちゃんは、眠るとすぐにレム睡眠がはじまります。レム睡眠はノンレム睡眠よりも浅い眠りで、脳は活発にはたらいています。つまり、レム睡眠中はすぐに目が覚めやすい状況にあるのです。そのため、赤ちゃんは変化を察知して目が覚めてしまうのでしょう。

また、レム睡眠中、赤ちゃんは体温をうまく調節できません。抱っこや授乳をしてもらってあたたまり、気持ちよくなっていた赤ちゃんは、冷たい布団に降ろされると体が冷えてしまって起きることもあるでしょう。

赤ちゃんを腕から布団に移すときに役立つテクニックがふたつあります。いずれも軽い毛布を用意します。

ひとつは、寝かしつけるときに、その毛布を腕にのせ、その上に赤ちゃんを抱きます。赤ちゃんが寝たら、毛布ごとそっと、できるだけ赤ちゃんの体にふれながら布団に移します。急に移されたと感じないように、体にしばらく両手をのせておくと効果的です。

もうひとつは、添い寝ができる場所に毛布を広げて赤ちゃんを寝かせ、添い寝をします。赤ちゃんが寝たら、ハンモックのように毛布の端を手にとって持ちあげ、そっと布団の上におきます。首がまだすわっていなくても安全です。この方法は、赤ちゃんを抱っこしすぎて手首が痛いときにも役立ちます。

❹ 寝かせるタイミングを確認しましょう

赤ちゃんが目を覚ましている90分の覚醒周期がおわりを迎えるころ、眠りに落ちやすくなります。このタイミングを逃さないようにしましょう。周期のなかで一番頭がさえているときに赤ちゃんを寝かせようとしても、まだ眠る準備ができていないので、怒って泣くばかりです。赤ちゃんが十分大きくなっていても、寝かせるタイミングをまちがえると、ひとりで自然に眠ることができません。

❺ 疲れすぎていないか気をくばりましょう

あまり知られていないのですが、疲れすぎていてもなかなかひとりで眠れません。トレーニング方法をまもったのにうまくいかなかった場合、まずはこの点を考えてみましょう。

赤ちゃんの睡眠で、とくに昼寝が足りていないということが多々あります。睡眠不足になると赤ちゃんの脳はいつも不安な状態になり、眠るのがずっとむずかしくなってしまいます。そのため、「コントロールド・クライング」を行って、疲れきった赤ちゃんを泣かせっぱなしにするのは、よい方法ではありません。赤ちゃんは長いあいだひとりにされることで、より一層不安で落ち着かなくなってしまうからです。

赤ちゃんが疲れきっているようなら、まずは数日かけて、とくに日中たっぷり眠れるようにしてから、次のステップに進みましょう。NAPSメソッドを活用しつつ、どんな方法でもかまわないので、寝かしつけて昼寝をさせてください。

❻「コントロールド・クライング」に向かない赤ちゃんもいます

順調に発育していて健康な赤ちゃんでも、とても社交的だったり頑固だったりする赤ちゃんは、このトレーニングに向いていません。大人がいなくなると、いつまでも泣いて強く抗議しつづけ、ますます激しく泣いてしまうのです。

トレーニングがうまくいかなくても、いずれはひとりで自然に眠れるようになります。もうひとつの「フェーディング」のテクニックを試したり、もう少し大きくなってから試してみてもよいのです。うまく教えられないからといって、どうか気を落とさないでください。

Q 寝かしつけなくても眠るようにするために生まれたときから気をつけることはありますか？

A ある程度の月齢になるまでは、NAPSメソッドでよく眠れるようにしてあげましょう

赤ちゃんにとって、ひとりで自然に眠れるようになるのは大切なことです。これを教える方法には「コントロールド・クライング」(135ページ) と「フェーディング」(137ページ) があります。ある程度の月齢まで待って、眠る前のルーティンをつくり、うとうとしてきたら、あとは自分で眠りにつけるようにするのがベストでしょう。

トレーニングを行う際は次のことに気をつけましょう。

❶ トレーニング時期をしっかり計画しましょう

赤ちゃんが体調を崩していたり、家族が大きな変化を迎えようとしているときは、教えるタイミングではありません。

❷ 大人の態度を変えないようにしましょう

赤ちゃんが泣きつづけると手を差しのべたくなるのが親心です。しかし、態度を変えてしまうと、赤ちゃんは「長いあいだ泣きつづけると大人がきてくれる」と思ってしまいます。トレーニング中は、教えかたをまもりましょう。

❸ 部屋の環境を整えましょう

生後6か月くらいになれば、神経系がだいぶ発達してくるので、雑音を無視して眠れるようになりますが、部屋が寒すぎたり、暑すぎたり、明るすぎたりすると、赤ちゃんはなかなか眠れません。心地よい環境をつくりましょう。

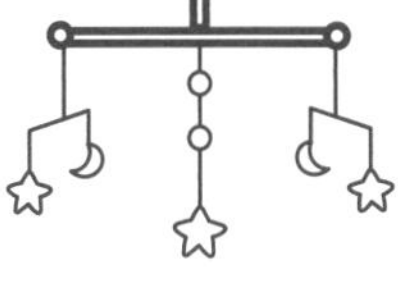

❶ 夜にもっと早く寝かせましょう

就寝時間を普段より15分早くすると、朝に起きる時間が遅くなることがあります。いつもは「自然に目を覚まさせるように」とアドバイスしているのですが、この場合、時間を早くする分、午後または夕方の昼寝のときに15分早く起こします。また毎日少しずつ眠る時間を早めます。睡眠時間が90分（睡眠１周期分）のびたことに数日で気づくでしょう。

大切なのは、無理に朝遅くまで寝かせておこうとしないことです。赤ちゃんにとって自然な目覚めと眠りのタイミングをつくるようにしましょう。

❷ 赤ちゃんが十分昼寝できるようにしましょう

十分昼寝ができていない場合、夜明け前などの早すぎる時間に起きてしまいがちです。赤ちゃんの眠りのサインに注意して、しっかり昼寝できるようにしてあげましょう。

❸ 授乳のために早起きしていないか注意しましょう

毎朝早い時間に授乳をしてはいませんか。朝早く授乳するのがいけないのではありません。毎朝決まった時間に授乳をすると、その時間に赤ちゃんの体に「おなかがすいた」という信号がでるようになります。まだ十分に眠っていないのに、早く起きるよう習慣づいてしまっているかもしれないのです。早朝の授乳が本当に必要なのか考えてみましょう。

❹ 赤ちゃんが寒くないか気をつけましょう

つま先が冷たいと寝つきが悪いというように、体温が睡眠に影響するケースがあります。レム睡眠のあいだは大人も体温調節がうまくできません。ましてや赤ちゃんは、体の体積が小さいわりに外気と接している表面積が広いため、大人よりも早く体温を奪われます。こうした理由から、レム睡眠のおわりなどに体温がさがり、朝早く起きてしまっているのかもしれません。

赤ちゃんの部屋が心地よい温度になっているか、肌寒い日は足つきのパジャマを着せるなど対策を考えましょう。

睡眠について

Q 朝、赤ちゃんがすごく早く起きるのですがどうしたらよいですか？

A 健康的な習慣か確認しましょう

子どもの行動パターンが朝型か夜型か、これは性格ではなく遺伝によって決まります。ただし、少なくとも思春期を迎えるまで、早起きするための信号がでるようになっているため、ほとんどが早起きです。これは、24時間単位で明暗を繰り返す地球の周期にあわせやすくしているのかもしれません。

生物学的に見れば、子どもが日の出にあわせて起きるのは、よいことで健康的です。

早起きが健康的なものか知るには、１日のうちで赤ちゃんの気分がどう変わっていくかを見ると参考になります。普通の起床時間は午前５～９時です。

いつも機嫌がよく、ものごとに集中して、まわりに注意を向けられる赤ちゃんは、よく休めているので自然に目が覚めることでしょう。逆に１日中機嫌の悪い子は、昼間に十分眠れていないので、朝に起きる時間が早くなることがあります。

生物学的な理由で早起きになっている場合、その習慣はなかなか変えられません。ほとんどの子どもは、小学生になるころ、起きる時間が遅くなっていくので、大人の都合で自然な目覚めと眠りのタイミングを変えないようにしましょう。

また、朝に起きる時間を遅くしたいために、就寝の時間を遅らせないで。この方法がうまくいくことはほとんどありません。もっと早く起きるようになってしまうことも少なくないのです。

とはいえ、仕事や家庭の事情で子どもに朝はもう少し寝ていてほしいという人もいるかもしれません。睡眠を十分にとりながら、朝はもう少し遅くまで寝ているようになる方法を紹介しましょう。

Q ほかの赤ちゃんほど長く眠らないのですが対策はありますか？

A まずはNAPSメソッドをつかって様子をみましょう

子どもはつねに十分に眠る必要があります。ほかの赤ちゃんより眠っていないのではと感じたら、NAPSメソッドをつかって様子を見ましょう。

赤ちゃんが１日に眠る時間はだいたい予想がつきます。平均より長く眠る子もいれば、短くても問題ない子どももいますが、どの赤ちゃんもそれぞれの発達にあわせて90分周期にしたがっています。NAPSメソッドをつかって、眠りのサインを見逃さずに眠らせるとどうなるかチェックしてみましょう。

同時に、大人の用事や約束をすませるために、赤ちゃんの昼寝を犠牲にしてはいないか考えてみましょう。赤ちゃんは大人のスケジュールにあわせてはくれません。赤ちゃんがなるべく長く眠れるように環境を整え、寝かせてあげましょう。赤ちゃんの自然な体内のリズムにあわせてあげることが重要です。

睡眠について

Q お友だちの赤ちゃんと比べると起きている時間が短いのはよいのでしょうか？

A 睡眠スケジュールがほかの赤ちゃんと違っていても問題ありません

生後４か月ごろになると、夕方起きている時間が90分から３時間、さらには４時間半にのびる赤ちゃんがたくさんいます。とくに昼寝の時間が長い赤ちゃんなど、朝起きてから３時間起きつづける赤ちゃんもでてきます。６か月ごろには午前中と午後の昼寝のあいだも３時間あくようになるでしょう。

長く起きていられる時間が増えるタイミングは個人差があります。赤ちゃんが長く起きていられるようになるのが、この月齢より早くても遅くても、問題はありません。

Q 昼寝は家でさせたほうがよいですか?

A 家でお昼寝できるのがベストです

赤ちゃんが疲れたときにはじまり、十分眠ったらおわる「完ぺきな昼寝」をさせてあげるのは大変です。赤ちゃんは何度も昼寝を必要とするのですから。

完ぺきな昼寝のためには、赤ちゃんがどんな子か、どこで眠るのが一番好きかを見極める必要があります。新生児はどこでも眠れますが、月齢が進むと特定の場所でないとよく眠れない場合が多いからです。あなたの赤ちゃんにも同じことがいえるのなら、一時的に昼寝のために外出を控えたほうがよいでしょう。

ただし、いくらか工夫することもできます。

たとえば、ベビーベッドでなくても眠れる赤ちゃんの場合、携帯用のベビーサークルなどで寝かせてでかけ、帰宅しても自然に目覚めるまでベビーサークルで眠ったままにしておくのです。

外出先にしばらく静かにすわっていられる場所があれば、抱っこひもやスリングに入れて腕のなかで昼寝をさせましょう。このように腕のなかで昼寝をさせるのが一番かんたんで実用的で、大人にも少し休む時間ができるため、理想的な方法です。

だれかの家を訪ねたり、用事ででかけたりする場合、静かな部屋があるなら、ベビーサークルや携帯用ベビーベッドなどを持っていきましょう。

車のなかでよく寝て、車がとまっても目覚めない赤ちゃんの場合、NAPSメソッドを実践すれば、帰りの車のなかで眠るように、タイミングを考えて外出することもできます。ベビーカーにのせてでかける場合も、のったまま昼寝ができるタイミングを考えて外出しましょう。ただし、赤ちゃんが目覚めるまでベビーカーの近くにいられるときに実践してください。

NAPSメソッドをつかうと、赤ちゃんが眠る時間を予想できるので、赤ちゃんが起きている時間をうまく利用できたり、寝かしつけにかかる時間を短くしたり、家の外での生活を楽しんだり、大人が休む時間ができるようになります。つまり、家族のメリットも増えるのです。

赤ちゃんが生後6か月以上になっても、まだとても短い昼寝しかしない場合は、昼寝の時間をのばしてみましょう（140ページ）。
ただし、次のような様子が見られる場合は、かかりつけの医師に相談しましょう。

❶ 直感的に赤ちゃんが寝すぎている、いつもと違って気力がない

❷ かぜやアレルギーではないのにいびきをかく

大人の閉塞性《へいそくせい》睡眠時無呼吸症候群に似た、睡眠に関連する呼吸障害かもしれません。

❸ 息をするのが苦しそうで、大きな音をたててはなをすすったり息をきらしたりする

これは、睡眠に関連する呼吸障害の症状です。寝言をいうこともあるでしょう。多くの場合、寝言は睡眠障害と呼吸障害がおさまればなくなります。

❹ 睡眠発作がよく起こる

睡眠発作は感情がたかぶったときに起こることもあります。発作性障害や、珍しいケースですがナルコレプシー*の可能性があります。

❺ 1歳をすぎてもひと晩に6〜7回目を覚ます

1歳になってこれほど目を覚ますことはあまりありません。目を覚ます原因は病気によるものなのかもしれません。

*神経原性の過眠症。

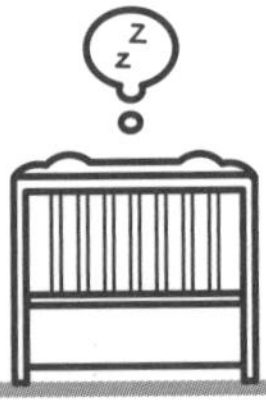

Q 新生児の場合、昼寝が短くてもよいのでしょうか?

A 1日に十分な睡眠時間をとっていれば問題ありません

新生児の昼寝は短いのが普通で、生後3か月以上の赤ちゃんだと夕方の昼寝は30分程度です。しだいに、少なくとも1日1回は長い昼寝をするようになるので、生まれたばかりの赤ちゃんが少しずつしか眠らなくても、ほかに睡眠について気になることがなければ心配はいりません。ただし、十分に睡眠をとれるように、次のことに気をつけましょう。

ひとつは、赤ちゃんが目を覚ましたと思っても、すぐに抱きあげず、少し様子を見ることです。新生児の睡眠は、脳がとても活発にはたらいています。起きているときと似たレム睡眠の割合が多く、本当に眠っているわけではないけれど、起きているわけでもないという状態です。起きていたとしても、そっとしておけば、また眠りにつくことがあります。

もうひとつは、NAPSメソッドで、合計すれば1日で十分な睡眠がとれているか確認することです。NAPSメソッドをつかえば1日に数回昼寝をするようになります。この月齢ならそれで十分です。

また、昼寝の時間を長くしようと、無理に回数を減らそうとしてはいけません。自然のリズムにしたがって、赤ちゃんは自分で眠っている時間をのばすことができます。

短い昼寝から目覚めて泣きだしたら、もう一度寝かしつけてみてください。もっと寝ていたかったのに目が覚めてしまって泣いている場合があります。遊びたがっているときよりも、泣きながら目を覚ましたときのほうが、また寝かせられることが多いでしょう。

Q ふたごの赤ちゃんの場合はどうすればよいですか？

A 考えにあわせて睡眠スケジュールを工夫します

赤ちゃんの睡眠パターンを大切にして、寝たいだけ寝かせてあげたいものの、ふたごや三つ子、年子などの場合は、赤ちゃんの睡眠のニーズを第一に、90分周期を利用して睡眠スケジュールに手を加えましょう。

まずは、赤ちゃんを全員一緒に寝かせることで、大人も自由な時間をもちたいか、ひとりひとり寝かせることで、それぞれの赤ちゃんとふたりだけの時間をもちたいか、どちらかを選びましょう。そしてどちらの場合も、次の昼寝をはじめさせたい時間の90分前に赤ちゃんを起こします。

わたしの経験をお話しすると、子どもはふたごではありませんでしたが、1歳半しか年が違わなかったため、睡眠スケジュールがふたごと同じくらい複雑になった時期がありました。しかし90分周期をつかえば、ふたりとも睡眠不足にならないようにしながら、毎日の睡眠スケジュールをこなすことができるとわかりました。

また、多胎妊娠だった場合、必ずかかりつけの医師にアドバイスをもらいましょう。早産や低体重で生まれているため、しばらくのあいだ起きていられる時間が90分より短いことや、特別な事情が生じて、夜中に何度も授乳せねばならないことがあります。

Q コーヒーのカフェインが影響することはありますか？

A 1日に1～2杯程度なら影響はないでしょう

母乳で育てていると、コーヒーやチョコレートに含まれるカフェインが子どもに悪影響をおよぼすのではないかと心配する人もいます。母乳とカフェイン、そして乳幼児が目を覚ますことの関係はまだ十分に研究されたとはいえない状況ですが、ほとんどの専門家は、１日に１～２杯程度なら、母親の飲むコーヒーが赤ちゃんの睡眠に影響を与えることはないと考えています。

赤ちゃんが夜中に目を覚ますことに関しては、ほとんどの場合、カフェインの影響ではなく、90分の睡眠リズムにきちんとあわせられていないからだと感じています。

Q 歯が生えてくると夜泣きをするのでしょうか？

A 歯が生えてくることと夜泣きの関係を裏づけるデータはほとんどありません

赤ちゃんが夜中に目を覚まして泣くと、歯が生えてきているのだろうと思い込む人が多いようです。夜泣きが数日、数週間、数か月とつづいていてもです。

しかし、歯が生えてくることと夜泣きの関係を裏づけるデータはほとんどありません。健康で順調に発育している赤ちゃんが夜中に目を覚ます理由のほとんどは、慢性的な睡眠障害です。

とはいえ、夜中に歯が生える痛みを感じることも確かにあります。この痛みは歯が生えるずっと前にはじまることもあり、歯が原因とわかるまで時間がかかります。こういった場合には、赤ちゃんの泣きかたに注目してみましょう。眠たいときは、おとなしくめそめそした感じに、痛いときは、たいてい大きくて高い声で激しく泣きます。

赤ちゃんが病気ではないのに、苦しそうな声をだしたり、パニックになったり、激しく泣いたりしたら、歯が生えてきているのかもしれません。

ダイアリー

年　月　日	
0時	
1時	
2時	
3時	
4時	
5時	
6時	
7時	
8時	
9時	
10時	
11時	
12時	
13時	
14時	
15時	
16時	
17時	
18時	
19時	
20時	
21時	
22時	
23時	

◆memo　赤ちゃんの様子や変化など

年　月　日	
0時	
1時	
2時	
3時	
4時	
5時	
6時	
7時	
8時	
9時	
10時	
11時	
12時	
13時	
14時	
15時	
16時	
17時	
18時	
19時	
20時	
21時	
22時	
23時	

◆memo　赤ちゃんの様子や変化など

おやすみ

年　月　日	
0時	
1時	
2時	
3時	
4時	
5時	
6時	
7時	
8時	
9時	
10時	
11時	
12時	
13時	
14時	
15時	
16時	
17時	
18時	
19時	
20時	
21時	
22時	
23時	

memo 赤ちゃんの様子や変化など

年　月　日	
0時	
1時	
2時	
3時	
4時	
5時	
6時	
7時	
8時	
9時	
10時	
11時	
12時	
13時	
14時	
15時	
16時	
17時	
18時	
19時	
20時	
21時	
22時	
23時	

memo 赤ちゃんの様子や変化など

ダイアリー

年　月　日	
0時	
1時	
2時	
3時	
4時	
5時	
6時	
7時	
8時	
9時	
10時	
11時	
12時	
13時	
14時	
15時	
16時	
17時	
18時	
19時	
20時	
21時	
22時	
23時	

◆memo　赤ちゃんの様子や変化など

年　月　日	
0時	
1時	
2時	
3時	
4時	
5時	
6時	
7時	
8時	
9時	
10時	
11時	
12時	
13時	
14時	
15時	
16時	
17時	
18時	
19時	
20時	
21時	
22時	
23時	

◆memo　赤ちゃんの様子や変化など

おやすみ

	年　　月　　日
0時	
1時	
2時	
3時	
4時	
5時	
6時	
7時	
8時	
9時	
10時	
11時	
12時	
13時	
14時	
15時	
16時	
17時	
18時	
19時	
20時	
21時	
22時	
23時	

◆ memo 赤ちゃんの様子や変化など

	年　　月　　日
0時	
1時	
2時	
3時	
4時	
5時	
6時	
7時	
8時	
9時	
10時	
11時	
12時	
13時	
14時	
15時	
16時	
17時	
18時	
19時	
20時	
21時	
22時	
23時	

◆ memo 赤ちゃんの様子や変化など

ダイアリー

年　月　日	
0時	
1時	
2時	
3時	
4時	
5時	
6時	
7時	
8時	
9時	
10時	
11時	
12時	
13時	
14時	
15時	
16時	
17時	
18時	
19時	
20時	
21時	
22時	
23時	

memo 赤ちゃんの様子や変化など

年　月　日	
0時	
1時	
2時	
3時	
4時	
5時	
6時	
7時	
8時	
9時	
10時	
11時	
12時	
13時	
14時	
15時	
16時	
17時	
18時	
19時	
20時	
21時	
22時	
23時	

memo 赤ちゃんの様子や変化など

おやすみ

年 月 日	
0時	
1時	
2時	
3時	
4時	
5時	
6時	
7時	
8時	
9時	
10時	
11時	
12時	
13時	
14時	
15時	
16時	
17時	
18時	
19時	
20時	
21時	
22時	
23時	

memo 赤ちゃんの様子や変化など

年 月 日	
0時	
1時	
2時	
3時	
4時	
5時	
6時	
7時	
8時	
9時	
10時	
11時	
12時	
13時	
14時	
15時	
16時	
17時	
18時	
19時	
20時	
21時	
22時	
23時	

memo 赤ちゃんの様子や変化など

ダイアリー

年　月　日	
0時	
1時	
2時	
3時	
4時	
5時	
6時	
7時	
8時	
9時	
10時	
11時	
12時	
13時	
14時	
15時	
16時	
17時	
18時	
19時	
20時	
21時	
22時	
23時	

memo 赤ちゃんの様子や変化など

年　月　日	
0時	
1時	
2時	
3時	
4時	
5時	
6時	
7時	
8時	
9時	
10時	
11時	
12時	
13時	
14時	
15時	
16時	
17時	
18時	
19時	
20時	
21時	
22時	
23時	

memo 赤ちゃんの様子や変化など

おやすみ

年　月　日	
0時	
1時	
2時	
3時	
4時	
5時	
6時	
7時	
8時	
9時	
10時	
11時	
12時	
13時	
14時	
15時	
16時	
17時	
18時	
19時	
20時	
21時	
22時	
23時	

memo 赤ちゃんの様子や変化など

年　月　日	
0時	
1時	
2時	
3時	
4時	
5時	
6時	
7時	
8時	
9時	
10時	
11時	
12時	
13時	
14時	
15時	
16時	
17時	
18時	
19時	
20時	
21時	
22時	
23時	

memo 赤ちゃんの様子や変化など

ダイアリー

年　月　日	
0時	
1時	
2時	
3時	
4時	
5時	
6時	
7時	
8時	
9時	
10時	
11時	
12時	
13時	
14時	
15時	
16時	
17時	
18時	
19時	
20時	
21時	
22時	
23時	

memo 赤ちゃんの様子や変化など

年　月　日	
0時	
1時	
2時	
3時	
4時	
5時	
6時	
7時	
8時	
9時	
10時	
11時	
12時	
13時	
14時	
15時	
16時	
17時	
18時	
19時	
20時	
21時	
22時	
23時	

memo 赤ちゃんの様子や変化など

おやすみ

年　　月　　日	
0時	
1時	
2時	
3時	
4時	
5時	
6時	
7時	
8時	
9時	
10時	
11時	
12時	
13時	
14時	
15時	
16時	
17時	
18時	
19時	
20時	
21時	
22時	
23時	

memo 赤ちゃんの様子や変化など

年　　月　　日	
0時	
1時	
2時	
3時	
4時	
5時	
6時	
7時	
8時	
9時	
10時	
11時	
12時	
13時	
14時	
15時	
16時	
17時	
18時	
19時	
20時	
21時	
22時	
23時	

memo 赤ちゃんの様子や変化など

NAPSメソッドは高い支持を得ています

この本のなかでポリー・ムーア博士は、小さな子どもの夜泣きの原因が不十分な睡眠にあることを解き明かし、赤ちゃんの睡眠が認知力や情緒的発達の要であることを説いて、自然によく眠れるようになるNAPS《ナップス》メソッドを紹介しています。

NAPSメソッドは、赤ちゃんの自然な体内時計のひとつ、基礎的休息活動周期（BRAC）にしたがって考えられています。

わたしが知るかぎり、ヒトの覚醒周期をつかさどるBRACから赤ちゃんの睡眠メソッドを開発したのは、ムーア博士がはじめてです。

多くの人々が絶賛しているとおり、NAPSメソッドはとても効果的です。科学に基づいているにもかかわらず、むずかしいことがなく、とり入れやすいのも特筆すべきでしょう。

ムーア博士は、脳の眠りのメカニズムをはじめ、脳細胞や睡眠障害の治療

法など、脳を熟知した専門家であり、睡眠に対する強い関心とすべての患者の睡眠を改善しようとする熱意は、このうえなく多くの支持を集めています。

また、赤ちゃんを寝かせるのがどれだけ大変かもよくわかっています。神経科学者、睡眠学者であると同時に、ふたりの幼い子どものママだからです。

実際、NAPSメソッドを最初に試し、完成させたのは、彼女の家の「実験室（子ども部屋）」でした。そして、子どもがより長い時間よく眠れるようにするには、体内の睡眠リズムにあわせて寝かせてあげることが必要だとつきとめたのです。


NAPSメソッドをつかえば、赤ちゃんに自然に眠る準備が整い、認知力や情緒的発達に必要な睡眠を十分にとれるようになります。

みなさんもこの本を読みおえるころには、赤ちゃんのうちによく眠る習慣をつけることが、いかに大切かが十分おわかりになることでしょう。

スクリップス・クリニック・スリープ・センター　アメリカ睡眠医学協会会員
ファーハド・シャダン医学博士

ポリー・ムーア博士

カリフォルニア大学ロサンゼルス校にて神経科学博士の学位を取得。専門は睡眠研究。イントラセルラー・セラピーズ社で臨床開発ディレクターを務めるかたわら、カリフォルニア州南部の複数の育児サポート団体および民間のドゥーラ（出産時や産後に母親に対する支援を行う人）グループのベビー睡眠コンサルタントとしても活躍している。

成田奈緒子

小児科医、医学博士、公認心理師、文教大学教育学部教授、子育て支援事業「子育て科学アクシス」代表。米国ワシントン大学医学部や筑波大学基礎医学系における、分子生物学、発生学、解剖学、脳科学の研究を基に、医療、心理、教育、福祉を融合した新しい子育て理論を展開し、後進の育成にあたるとともに、子どもや保護者の支援を行う。著書に『子どもの隠れた力を引き出す　最高の受験戦略　中学受験から医学部まで突破した科学的な脳育法（朝日新書）』（朝日新聞出版）、『「発達障害」と間違われる子どもたち（青春新書インテリジェンス）』（青春出版社）など多数。

The Natural Baby Sleep Solution
Copyright ©2008 by Polly moore
All rights reserved. No portion of book may be reproduced – mechanically, electronically, or by any other means, including photocopying – without written permission of the publisher.
Published simultaneously in Canada by Thomas Allen & Son Limited.

Previously published as The 90-Minute Baby Sleep Program
Layout by Ariana Abud
Charts by Katherine Sharkey

WORKMAN PUBLISHING COMPANY. INC.
225 Varick Street
New York, NY 10014-4381
Workman.com

WORKMAN is registerd trademark of Workman Publishing Co., Inc.

Japanese translation rights arranged with Workman Publishing Company, Inc. through Japan UNI Agency, Inc.
This Japanese edition was produced and published in Japan in 2025 by NIHONBUNGEISHA Co.,Ltd.
1-1-1 Hitotsubasi, Chiyodaku, Tokyo 100-0003, Japan
Japanese translation © 2025 NIHONBUNGEISHA Co.,Ltd.

日本語版制作スタッフ
監修／成田奈緒子
翻訳／プレシ南日子
組版・デザイン／中山詳子
イラスト／うえだまり
校正／菅村 薫
翻訳協力／株式会社トランネット
https://www.trannet.co.jp
制作協力／菊田純子
編集協力／鶴留聖代

90分周期《ぶんしゅうき》で
9割《わり》の子《こ》が本当《ほんとう》に眠《ねむ》ってくれる！

2025年3月20日　第1刷発行

著　者　ポリー・ムーア
発行者　竹村 響
印刷所　株式会社光邦
製本所　株式会社光邦
発行所　株式会社日本文芸社
〒100-0003
東京都千代田区一ツ橋1-1-1 パレスサイドビル8F

Printed in Japan　112250313-112250313 Ⓝ 01（060014）
ISBN978-4-537-22274-6

© NIHONBUNGEISHA 2025

乱丁・落丁などの不良品、内容に関するお問い合わせは小社ウェブサイトお問い合わせフォームまでお願いいたします。
ウェブサイト https://www.nihonbungeisha.co.jp/

法律で認められた場合を除いて、本書からの複写・転載（電子化を含む）は禁じられています。また、代行業者等の第三者による電子データ化及び電子書籍化は、いかなる場合も認められていません。（編集担当：角田）